财富工具

指数基金+可转债，
穿越牛熊的稳健投资策略

刘诚 著

图书在版编目（CIP）数据

财富工具 / 刘诚著. -- 北京：中信出版社，
2020.6（2020.8重印）
ISBN 978-7-5217-1372-5

Ⅰ.①财… Ⅱ.①刘… Ⅲ.①私人投资－基本知识
Ⅳ.①F830.59

中国版本图书馆CIP数据核字(2020)第020929号

财富工具

著　　者：刘　诚
出版发行：中信出版集团股份有限公司
　　　　　（北京市朝阳区惠新东街甲4号富盛大厦2座　邮编　100029）
承　印　者：北京盛通印刷股份有限公司

开　　本：880mm×1230mm　1/32	印　张：5.5	字　数：80千字
版　　次：2020年6月第1版	印　次：2020年8月第2次印刷	

书　　号：ISBN 978-7-5217-1372-5
定　　价：58.00元

版权所有·侵权必究
如有印刷、装订问题，本公司负责调换。
服务热线：400-600-8099
投稿邮箱：author@citicpub.com

目 录

前言

第一章

一家金铺背后的投资原理 / 001

投资者的认识 / 006

激励机制 / 008

杠杆 / 012

第二章

投资中的任督二脉——市盈率和市净率 / 015

绝对估值 / 015

相对估值 / 021

第三章

极简股票投资法 / 025

粗选 / 028

精选 / 043

第四章

指数基金投资要诀 / 049

第五章

稳中取胜的投资工具，可转债（上） / 057

第六章

稳中取胜的投资工具，可转债（下） / 067

第七章

可转债投资实例：中行转债 / 075

第八章

可转债投资实例：平安转债 / 081

第九章

可转债投资实例：蓝标转债 / 089

第十章

可转债投资实例：利欧转债 / 095

第十一章
挑选可转债的 4 个要素 / 101
价格 / 102

溢价率 / 102

剩余时间 / 103

下调转股价的历史 / 105

第十二章
可转债历史数据 / 109

第十三章
短期资金的管理 / 119

第十四章
投资可以加杠杆吗？ / 127

第十五章
全书小结 / 133

附录　问答 / 141

前言

"收益和风险是成正比的。"在投资时，很多人会认为这是一条真理。但要做好投资，你第一件要学会的事，就是必须明白——收益和风险并不总是对称的。本书的目的是传递给读者一套性价比足够高的投资策略，以帮助读者用最简单的操作，践行最朴素的投资哲学。

目前国内有投资需求的人，大致上分为"正在快速积累资产的年轻人"、"已经有了一定积累的中产"和"资产较多的高净值人士"这三类。在这三类人当中，一般来说中产家庭的投资需求是最迫切的，这很合理，的确对于中产家庭来说，投资带来的收益有着最实际的意义。

因为他们大多处在"上有老，下有小"的状态，家庭开支比较大，所以很需要通过"工资收入"和"投资收益"的双轮驱动来快速增加财富。但是，他们同时背负着"赡养老人"和"抚养女子"的重担，所以这个阶段，投资又不能承受太大的风险。针对这种情况，本书专门介绍了一套稳中求胜的投资策略。这套策略的基本原则是：**建立以可转债为核心的资产包**。掌握了这套策略，我们可以在只承担很小风险的前提下，获得远高于市场平均水平的回报，以比较平稳的方式，从一个普通的有产者慢慢进阶为高净值人士。

对于"正在快速积累资产的年轻人"来说，他们手中的资产可能还不太多，但是正处于收入增长非常快的阶段，在这个阶段，其实更应该把重心放在职业发展上，通过收入的增加来完成原始积累，不适合在投资上花费太多时间、精力。针对这种情况，本书专门从众多的投资工具中选择了最简洁、最容易操作的几种，按顺序依次是股票、指数基金、可转债、货币基金、债券基金。同时，我把每一种工具的具体操作方法，凝练成了两三条简单、朴素的规则。这 5 种工具可以单独使用，也可以配合使用。如果你决定配合使用的话，那么配合使用的基本原则是：**建立以可转债为核心的资产包。**

对于"资产较多的高净值人士"而言，他们的主要焦虑来自怎样确保自己的资产不被通货膨胀慢慢地腐蚀掉。我发现很多人对于高净值人士在投资方面的处境有些误解，认为这个群体会有很多特殊的投资渠道，所以能更容易地实现资产的保值增值，其实完全不是这样。高净值人士的确能参与很多门槛比较高的投资项目，但更高的门槛并不意味着更优的风险收益比，很多时候，高门槛的项目甚至更加凶险，原因也很简单，骗10个人总比骗1 000个人风险更小。我身边的高净值人士中，至少有1/3都在某些高门槛的项目上有过巨亏甚至血本无归的经历。针对身边的高净值人士，我给出的投资建议并没有什么不同，仍然是：**建立以可转债为核心的资产包。**

很多投资者常常挂在嘴边的一句话是：投资方法没有对错，适合自己的才是最好的。其实恰恰相反，真正好的投资策略通常不是为某一类特定人群量身定制的，好的策略往往有极强的适应性和持久性。

你很可能没听说过"可转债"这种工具，可转债是个什么东西呢？用最简单的话说，这种东西"涨的时候像股票，跌的时候像债券"。债券的特征是下有保底，股票的特征是上不封顶，可转债兼具了两者的好处，下有保底，上不封顶。

说到这儿你肯定会问：怎么会有这么好的事？正如我开头所说，要做好投资，你第一件要学会的事，就是必须明白——收益和风险并不总是对称的。

不管你从事的是哪一个行业，在职场上待久了，你一定会发现，有一些活儿又累，又不赚钱，风险还大，而有一些活儿则刚好相反。如果在你的实际工作中，并不是每一分付出都有相同的回报，那么在投资的世界里，"收益和风险不对称"的现象也一样存在。一个投资者最大的不成熟，就是相信所谓的"高风险高回报，低风险低回报"，其实在很多时候，高风险就是单纯的高风险而已，并没有所谓的高回报作为补偿。

正如有些人比你聪明还比你努力，而有些人比你笨还比你懒。高风险高回报，低风险低回报，高风险低回报，低风险高回报，4种状态同时存在，这才是你我所面对的真实环境。有些时候，我们真的可以只占便宜，不付代价。其实说不付代价也是不对的，代价是知识。这个时代，知识早已不被某个特定的阶层所垄断，但知识永远不会自动钻入我们的脑子里，寻找它是有成本的。我在进入证券市场后的第四个年头才终于接触到"可转债"这种童话般的投资工具，但实际上，自1997年开始，这个品种就已经出现了。作为投资者，我们就是如此的迟钝，如此的木讷。过去两年，很多基金公司的朋友在看过我于2017年出版的《投资要义》之后，都来向我询问关于可转债投资的细节。这说明可转债的知识，即使在专业投资者的圈子内，也尚未普及。同时这也意味着，今天把它介绍给你，还不算太晚。

刚才我们说道，可转债既像股票，又像债券，下有保底，上不封顶。但是它"上不封顶"的收益，主要来源于它像股票的那部分，所以在学习可转债的投资方法之前，你必须先掌握股票投资的基本知识。具体的手把手教你投资可转债的内容，我会放在本书的中间部分，因为前几个章节的知识积累对于理解可转债非常重要。另一方面，前几章的内容本身也有很高的价值。即使没有可转债这个压轴重器，单靠前几章的内容，你也足以掌握正确的投资理念和简单有效的投资策略，从而超越市场中大部分竞争对手。

如前文所说，在接下来的章节中，我会分别向你介绍"股票、指数基金、可转债、货币基金、债券基金"这5种投资工具。作为一个投资者，你掌握的投资工具越丰富，找到优质投资机会的可能性就越高。如果你是一名猎手，那么长期来看，是"狩猎技巧"和"狩猎范围"这两个因素共同决定了你的收获。想象一下，两个猎手同时进入一片草原，他们用着相同的猎枪，枪法水平也差不多，但其中一个人有越野车，而另一个只能靠走路，3天之后，谁更有可能收获更多、更珍贵的猎物呢？回到投资的世界也是一样，如果你是一位中国内地的投资者，当A股市场没有机会时，你也许可以通过指数基金抓住香港市场和美国市场的投资机会；同时，当股票市场没有投资机会的时候，可转债市场有可能依然是值得投资的，而当股票、指数基金和可转债全都没有投资机会的时候，货币基金和债券基金就是很好的过渡和补充。简单来说，本书所介绍的5种工具当中，股票、指数基金和可转债，既是攫取财富的工具，又是贮藏财富的工具，而货币基金和债券基金则是单纯的贮藏财富的工具。

这里可能有人会问，猎物少的时候，肯定是狩猎范围越广越好，那如果猎物太多了呢？比如，要是股票、指数基金、可转债这些东西同时出现了很好的投资机会，我该怎么办呢？如果从一个专业投资者的角度回答，那么这个问题的标准答案是：要根据每一个具体投资标的的性价比来做决策。但是，如果你的本职工作并不是投资，那么答案很简单——**坚决选择可转债！**因为可转债能够在提供可观收益的同时，还有着极好的防御性。分散投资可转债，你几乎没有机会犯致命的错误，也不太容易出现股票投资者常有的情绪失控。如果把投资的世界比喻成猎场，选择可转债，你就是在开着坦克打猎。我一开始就提到"建立以可转债为核心的资产包"，我是认真的，不是说说而已。

此处可能有人会问：感觉"建立以可转债为核心的资产包"这种稳健的策略，更适合资金比较多的人，如果我的资产很少，是不是应该更激进一点呢？不是的。

认为小资金应该更激进，是很多投资者的一个误区。请记住，任何时候，你永远要按照管理大资金的方法去管理资金，这样，你的资金就会慢慢地变成大资金。

另一方面，所谓的大资金、小资金，那只是相对于个人。在大海面前，一杯水和一滴水没有区别。股票市场是个几十万亿级的市场，可转债市场小一些，那也是个几千亿级的市场。在这样的体量面前，大家都是小资金。

至此，本书的主旨及框架介绍完毕。下面我们将进入正式的内容，开启一个投资者的进阶之旅。

第一章

一家金铺背后的投资原理

前言中，我向你介绍了可转债这种性价比极高的投资工具。同时你也知道了掌握股票投资的基本知识，是学习可转债的基础和前提。

在本章中，我会以一个简单的案例为基础，用最浅显的语言来说明股票投资的基本原理。

假设你是一位商人，现在你拥有一家金铺。这家店是你自己开的，你拥有100%的股权，同时没有负债。这家金铺里所有的金银饰品加在一起，价值是1 000万元。如果你用心经营这家店，每年能赚到100万元的净利润。现在请问，这家店如果拿到市场上去出售，能卖到多少钱？

现实生活中，这家店正常情况下能卖到1 000万~1 500万。为什么能卖到1 000万？很好理解，因为这家店里的金银饰品就值1 000万。为什么有的时候能卖到1 500万？因为如果好好经营这家店，每年能赚100万的净利润，用1 500万去收购一家店，每年赚100万，静态回报率是6.7%，对于一些胆子比较大的人来说，这也是勉强可以接受的。价格再高，就很难成交了。这家金铺究竟值1 000万还是1 500万，并不是我们要讨论的问题。重点在于，无论如何，这家店在现实生活中，绝对不会以500万的价格卖给你，你也永远不会有机会以5 000万的价格把它卖给别人！然而当你来到证券市场，你会发现这几乎是每时每刻都在发生的事情。

　　如果你在证券市场积累了一些经验，肯定会发现一个现象：在牛市中，随便什么股票都能翻好几倍，但与之对应的是，市场中有90%的投资者都是不赚钱的。那么，亏钱的人究竟是怎么把钱亏掉的呢？

　　根据我的观察，大部分投资者亏钱的过程是这样的：他花10元钱买了一只股票，股价先跌到3元，然后遇到牛市。牛市中随便什么股票都能翻几倍，于是他的股票也从3元涨到了9元，最后亏了1元。

相比之下，赚钱的投资者是怎么把钱赚到的呢？同样花10元钱买了一只股票，他买的股票跌到8元就不跌了，然后遇到牛市。牛市中随便什么股票都能翻几倍，于是他的股票也从8元涨到了24元。很多时候，在股票市场赚钱还是亏钱，不是取决于牛市中谁赚得多，而是取决于熊市中谁亏得少。

世界上的股票分两种，一种是可以涨很多也可以跌很多的，另一种是可以涨很多但不会跌太多的。请记住，世界上没有不能涨的股票！所以，我们在做投资的时候，首先要往下看，往坏处想。君子问凶不问吉。

说到这里，接下来的问题就是：如何找到可以涨很多，但不会跌太多的股票呢？其实方法很简单，你只需要关注"市盈率"和"市净率"这两个指标。

还是回到刚才金铺的案例。你是一家金铺的老板，现在你为了扩大自己的版图，决定去收购街对面的另一家金铺。这个时候，你心里是怎么想的？一时间你可能会冒出很多思绪，但如果你真的把自己置于情境之中，最终你会发现，你真正关心的问题只有两个：

1. 如果我经营这家店，每年能赚多少钱；
2. 如果有一天我不干了，把这家店卖出去能收回多少钱。

经营这家店每年能赚多少钱，这就是市盈率的思维；把店卖掉能收回多少钱，这就是市净率的思维。

如果一家金铺每年赚100万元，你花1 000万买下它，市盈率就是10倍。具体算法是：1 000万/100万=10。

所以到了证券市场，我们要想计算一家上市公司的市盈率，那么计算公式就是：总市值/年度净利润=市盈率。

如果一家金铺拥有的金银饰品总共值1 000万元[①]，你花1 000万买下它，市净率就是1倍。具体算法是：1 000万/1 000万=1。

刚才说道，一家净资产1 000万元的金铺，你在现实生活中永远不可能以500万的价格买到，也永远不可能以5 000万的价格把它卖给别人，但是在证券市场却可以！那么，对于这家净资产1 000万元的金铺，500万

---

① 为方便计算，假定这些金银饰品就是这家店的全部净资产。

元和 5 000 万元所对应的市净率，分别是多少倍呢？

如果有人用 500 万元买下这家店，则市净率是 500 万 /1 000 万 =0.5 倍；

如果有人用 5 000 万元买下这家店，则市净率是 5 000 万 /1 000 万 =5 倍。

所以到了证券市场，我们要想计算一家上市公司的市净率，那么计算公式就是：总市值 / 当前净资产 = 市净率。

同样是一家净资产 1 000 万元的金铺，花 500 万买下它的人和花 5 000 万买下它的人，在现实世界中，分别会面临什么后果呢？用基本常识思考就能知道，前者会赚得盆满钵满，而后者会输得血本无归。正是因为太过明显，所以这两种情况在现实世界根本就不会发生。可是刚才我们说过，这两种情况到了证券市场，却几乎每时每刻都会出现，这是为什么？

这种局面是很多原因造成的，但最重要的是以下三条：

1. 投资者的认识；
2. 激励机制；

3. 杠杆。

我们一条一条来说明。

投资者的认识

先看第一条，投资者的认识。随便走进一个交易大厅，问大家一个问题：股票是股还是票？多数人会回答是票。少数人嘴上会说是股，但行为上也会把股票当成票。炒股这个词，其实更严谨的说法，应该叫"炒票"。还是回到金铺的例子，如果在现实中，有一家净资产1 000万元的金铺以500万元的价格出售，人们想的是"买到就是赚到"，而如果到了证券市场，一家净资产1 000亿元的上市公司以500亿元的价格出售，人们想的则是："下个星期会不会再跌20%？"

同样，如果在现实中，一家净资产1 000万元的金铺以5 000万元的价格出售，人们会想，"谁买谁是傻子"，而如果到了证券市场，一家净资产1 000亿元的上市公司以5 000亿元的价格出售，人们想的是："下个星期会不会再涨 20%？"

上市公司的本质不是上市，而是公司！证券市场只不过是一个让交易更加方便的平台而已。然而，一旦交易方便到了一定程度，人们就很容易忘记投资的本质，反过来把交易本身当成目的。

证券市场永远不会与真实世界脱离，它只是真实世界的放大版，然而就是这个"放大"本身，让无数投资者眼花缭乱，难以自拔。

现实中，一家净资产 1 000 万的金铺根本不会以 500 万的价格卖给你，但是在证券市场，你不光能用 500 万买到，而且买完之后，它下个星期还真的有可能跌到 400 万。

现实中，一家净资产 1 000 万的金铺你根本没有机会以 5 000 万的价格卖给别人，但是在证券市场，你不光能卖到这个价格，而且卖完之后，它下个星期还真的有可能涨到 6 000 万。

客观情况就是如此，接下来的问题是——你该怎么办？我的答案很简单，只买低市盈率和低市净率的股票，尊重股的价值，利用票的价格。忍受短期波动，追求长期收益。

说到这里，肯定有人会问：既然证券市场的价格波动如此混乱，那我们怎么能知道花500万买下这家金铺后，最终真的能赚到钱呢？请记住，证券市场的价格波动只是剧烈，而不是混乱。刚才我们说过，证券市场永远不会与真实世界脱离，它只是真实世界的放大版，而不是魔幻宇宙中的另一个世界。

这也就是为什么，那些巨型央企的市值会在几千亿到几万亿之间波动，而那些创业型的小公司的市值只能在几个亿到几十亿之间波动。关于这一点，巴菲特曾经讲过一个很生动的例子。他说股票价格与内在价值的关系，就像一个人牵着绳子遛狗，小狗围着主人跑来跑去，有时候在主人前面，有时候在主人后面，但是无论怎么跑，它最终总会回到主人身边。

激励机制

股票在证券市场会出现很极端的估值水平的第二个原因，就是激励机制的问题。金融机构在考核一个基金经理时，会综合考虑很多指标。但在多数情况下，最重要的一个指标是——排名。也就是说，相对于同类型的其他基金，该基金的业绩排在什么位置。看重排名本身并不是问题，这个世界上所有杰出的投资者的业绩一定是远远高于同行的平均水准的。问题在于，我们考察的周期太短了。很多基金公司都是一个月一次小排名，三个月一次中排名，一年一次大排名。通常来说，对一位基金经理而言，年度排名就是最重要的排名了，因为如果在年度排名中的位置太难看，那么他下一年可能就不是基金经理了。于是，当他看到一家净资产1 000万的金铺以500万的价格出售时，他必须去想，下个月会不会再跌20%？反过来也是一样。所以我们从历史中无数次看到，当股市处在低点的时候，反而是基金公司股票仓位最低的时候，而当股市处于极高位的时候，反而是基金公司股票仓位最高的时候。基金经理真的不会估值吗？至少不全是。我刚入行的时候，有位前辈教给我一句华尔街的名言——只要音乐在响，我们就必须跳舞。现在想来，还是有些辛酸。

过度追求短期排名带来的危害还不止于此。我们想象这样一种场景：假设现在是某年的10月份，这时一位基金经理发现，自己当前的年度排名位于同行中的后5%，这个时候他会怎么做呢？每个机构的奖惩机制会略有不同，但整体的逻辑基本都是奖励排名靠前的，惩罚排名靠后的。为方便说明，我们假定该机构会开除掉排名处于后10%的基金经理，那么这种情况下，出于自利的目的，这位基金经理最理性的选择，就是主动放大自己所管理的资产的价格波动率，哪怕是双向放大也是值得的，因为反正排在后10%就会被开除。主动放大波动，万一赌赢了，说不定还能排到前10%去。

要想主动放大波动率，通常有如下3个最常见的办法：

1. 买概念股；
2. 提高交易频率；
3. 举债投资。

这3种做法对基金的持有人显然都是没有好处的。但是在特定情况下，对基金经理有好处。这绝不仅仅是国内的问题，全世界都一样。要解决这个问题，一个比较有效的方法是要求基金经理本人用自己的钱跟投。自己的钱也在里面，就不太容易胡来。这种模式目前普及度还不是很高，但长期来看，更科学的模式会逐渐占有更高的市场份额。

肯定有人会问：为什么不能改进一下奖惩机制呢？用更长的周期，比如5年、10年来考核一个基金经理不行吗？其实，针对基金经理的奖惩机制，表面上看是金融机构制定的，但从根源上说，是客户制定的。如果基金的投资人总是赎回过去一年排名靠后的基金，申购过去一年排名靠前的基金，那么基金公司的奖惩机制是没有条件改变的。从更宏观的角度来看，基金公司和基金经理一样，也只是大海中随波逐流的一叶孤舟而已。

有没有基金公司或基金经理能跳出这个诅咒呢？有，但跳出这个诅咒是有代价的，代价通常是牺牲规模，同时这也意味着他们没什么知名度。

在美国，有一位名叫沃尔特·施洛斯的基金经理，他在1956年至2002年的46年里，为投资者创造了788倍的回报。这样一位基业长青的投资大师，即便在美国，其实也没几个人听说过。如果不是因为他有一位名叫巴菲特的师弟，或许历史根本不会留下他的名字。这位默默无闻的投资者已于2012年去世，他的公司规模最大的时候，员工总人数曾达到2人之多，一个是他本人，另一个是他的儿子。

杠杆

证券市场容易出现极端价格的第三个原因在于有太多投资者使用了杠杆。假设一个投资者自己拥有100万元的本金，然后又找券商借了100万元，接着他用总共200万的资金买入了一只每股价格为10元的股票。那么当这只股票跌到5元时，这位投资者自己的本金其实已经亏光了[①]，这个时候，不管这只5元钱的股票是否被低估，也不管投资者心里愿不愿意卖出，在行为上，他都必须要卖。在实际操作中，基于自我保护的需要，券商根本不会等到股票价格跌到5元，在6.5元上下，券商就会强行卖掉投资者的股票，用于偿还借款。

举债投资的行为，会在市场上涨时撬动更多资金，

---

① 为了方便计算，此处忽略融资的利息。

从而使上涨更为猛烈,同时也会在市场下跌时,让更多的人被迫卖出手中的资产。

在本章中,我们用简单的案例说明了股票投资的基本原理,同时也解释了"市盈率"和"市净率"这两个估值指标的重要性。下一章,我们会进一步说明,市盈率和市净率在实际操作中应该如何使用,以及用好这两个指标,能够带来什么样的效果。

本章小结:

- 要做好证券投资,我们不能只盯着证券市场,而是要拥有将证券市场和现实世界打通的洞见。
- 证券市场的资产价格波动大,主要是投资者的认识、激励机制和杠杆这三个因素导致的。

第二章

投资中的任督二脉
——市盈率和市净率

在这一章,我将说明市盈率和市净率这两个估值指标在证券投资中,会对收益率产生怎样的影响。由于上一章已经详尽阐明了这两个指标背后的原理,所以这里不再赘述,我们直接看数据。

我将从"绝对估值"和"相对估值"这两个维度来进行说明。

绝对估值

图 2-1 显示了香港恒生指数的历史市盈率,可以看到,

该指数的市盈率大部分时间在 8 倍到 25 倍之间波动。市盈率的高低与指数的高低有明显的相关性。市盈率越高,指数未来越容易下跌,市盈率越低,指数未来越容易上涨。①

图 2-1　恒生指数与历史市盈率

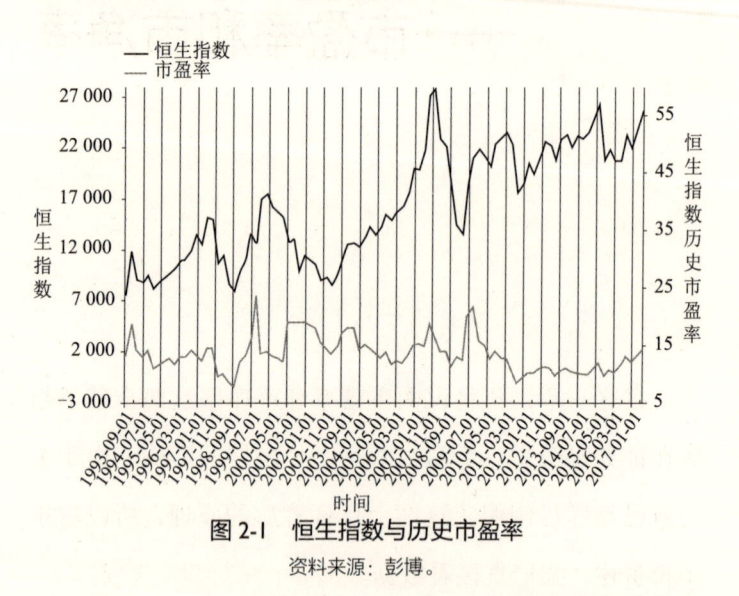

资料来源:彭博。

图 2-2 显示了香港恒生指数的历史市净率,可以看到,该指数的市净率大部分时间在 1 倍到 3 倍之间波动。市净率的高低与指数的高低有明显的相关性。市净率越高,指数未来越容易下跌,市净率越低,指数未来越容易上涨。

---

① 由于通货膨胀和 GDP 增长的原因,长期来看指数会越来越高,而市盈率和市净率是估值指标,它们不会像指数一样越来越高,而是会在一个相对固定的区间内反复波动。这并不影响指数与估值指标的相关性。

第二章 投资中的任督二脉——市盈率和市净率

图 2-2 恒生指数与历史市净率

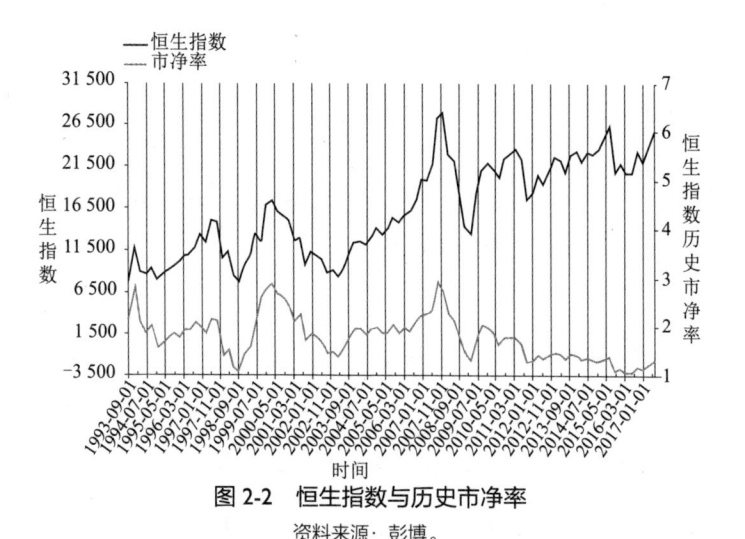

资料来源：彭博。

图 2-3 显示了上证指数的历史市盈率，可以看到，与成熟市场相比，该指数的估值波动更大，其市盈率在 10 倍到 60 倍之间波动。市盈率的高低与指数的高低有明显的相关性。市盈率越高，指数未来越容易下跌，市盈率越低，指数未来越容易上涨。

图 2-4 显示了上证指数的历史市净率，可以看到，与成熟市场相比，该指数的估值波动更大，其市净率在 1 倍到 7 倍之间波动。市净率的高低与指数的高低有明显的相关性。市净率越高，指数未来越容易下跌，市净率越低，指数未来越容易上涨。

图 2-3　上证指数与历史市盈率

资料来源：万得。

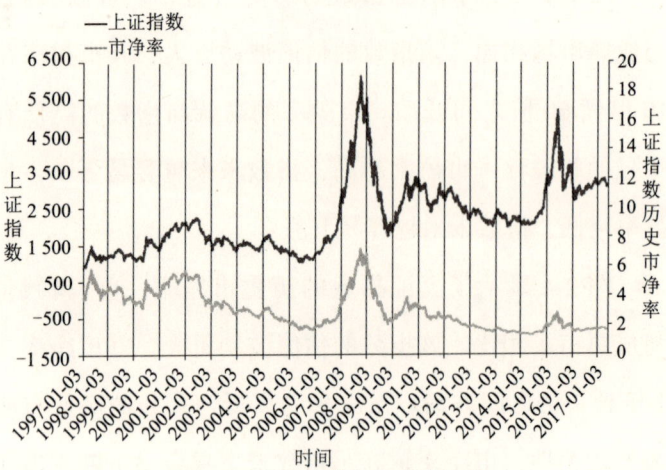

图 2-4　上证指数与历史市净率

资料来源：万得。

通过以上数据我们可以知道：

1. 从市盈率的角度看，整体市盈率低于10倍意味着明确的系统性机会；整体市盈率超过20倍意味着明确的系统性风险。
2. 从市净率的角度看，整体市净率为1倍左右意味着明确的系统性机会；整体市净率超过2倍意味着明确的系统性风险。

与国际市场相比，A股市场的估值波动较大，这是发展阶段的问题。美国、香港等成熟市场在早期阶段，也和A股市场一样有着较为剧烈的估值波动。

随着A股市场日益成熟，长期来看，它的估值中枢向成熟市场靠拢是大概率事件。

话虽如此，但在实际操作中，我们完全不必以此判断作为行动的依据，因为无论A股市场下一次牛市顶峰的市盈率水平是达到20倍、30倍还是40倍，我们在整体市盈率低于10倍时开始投资，超过20倍时退出，总是没有错的；同样，无论它下一次牛市顶峰的市净率水平是达到2倍、3倍还是4倍，我们在整体市净率低于1倍时开始投资，超过2倍时退出，总是没有错的。

需要注意的是，根据估值来判断系统性机会与风险，并不是为了预测未来的走势，而是为了做出当下最好的选择。当我们在估值很低时进入一个市场，它未来有可能继续下跌，也可能持续几年不涨不跌，反之亦然。

事实上，我们几乎不可能买在最低点，更不可能买在上涨前夜；我们也不可能卖在最高点，更不可能卖在下跌前夜。然而即便如此，我们依然应该选择在估值足够低时进入市场，在估值足够高时退出市场，因为这就是"当下最好的选择"。我们不知道未来去向何方，但必须清楚自己身在何处！

讲到这里你可能会发现：根据上文的内容，可以投资股票的情况好像并不多，尤其是A股市场，似乎大部分时间估值都不够低。没错，确实是这样，不过不用担心，因为我们后面还会讲到"指数基金"和"可转债"，当股票市场整体不够便宜的时候，你很有可能会在指数基金和可转债上面找到合适的投资机会。阅读本书其实是一个解锁技能树的过程，股票本身是一把剑，但它同时也是开启后面两个宝箱的钥匙。

相对估值

刚才我们讲的，是通过"市盈率""市净率"这两个简单的指标来判断市场整体的高低。换句话说，你可以通过这两个指标，知道现在应该买股票，还是应该卖股票。接下来，我想带你做一个实验。如果我们放弃对市场整体估值的判断，自始至终满仓持有股票，但永远只持有市场中市盈率和市净率最低的200只股票，看看会发生什么。

表 2-1　风格指数历史收益率

名称	总收益率	年化收益率
低市盈率指数	575%	10.15%
低市净率指数	467%	9.19%
上证指数	194%	5.61%

（续表）

名称	总收益率	年化收益率
高市盈率指数	-21%	-1.19%
高市净率指数	42%	1.78%

数据来源：申万宏源。

注1：市盈率指数编制方法：市盈率指数成分股每年调整两次，9月第1周最后一个交易日和5月第1周最后一个交易日计算向前10个交易日的平均市盈率，并按照规则确定新成分股；9月第2周第一个交易日和5月第2周第一个交易日公布成分股调整名单，正式启用新成分股。成分股按照如下规则调整：剔除亏损股以及市盈率高于500的股票，平均市盈率最高的200只股票作为高市盈率指数成分股，平均市盈率最低的200只股票作为低市盈率指数成分股。

注2：市净率指数编制方法：市净率指数成分股每年调整两次，6月20日和12月20日计算向前10个交易日的平均市净率，并按照规则确定新成分股；6月21日和12月21日公布成分股调整名单；7月的第1个交易日和1月的第1个交易日正式启用新成分股。成分股按照如下规则调整：剔除净资产为负的股票，根据平均市净率选择成分股，平均市净率最高的200只股票作为高市净率指数成分股，平均市净率最低的200只股票作为低市净率指数成分股。

数据显示，在2000年到2019年这近20年间，上证指数的年化收益率是5.61%，但是在这段时间内，低市盈率组合和低市净率组合的收益率分别达到了10.15%和9.19%，远远领先指数。相反，高市盈率组合和高市净率组合的年化收益率分别是-1.19%和1.78%，远远落后于指数。也就是说,你一方面可以通过市盈率和市净率的高低,来判断当下是应该买入还是卖出股票。另一方面,即使你永远都不卖出股票,也可以通过持有市盈率和市净率相对更低的股票组合,获得远远超过市场平均水平的回报。

  一定要注意的是,以上成绩是在完全不对系统性机会与系统性风险进行识别的前提下所取得的。也就是说,上述几个投资组合不会在市场整体估值过高时退出市场,而是能完整地承受市场的全部波动。在2000年到2019年这19年间,上述组合完全享受了2007年、2009年和2015年的暴涨,同时也完全承受了随之而来的暴跌。然而在实际操作中,基于对估值的深刻理解,我们可以在很大程度上规避掉系统性风险带来的伤害,从而取得更高的投资回报。

本章小结:

- 通过市盈率、市净率的高低,我们可以有效识别市场的系统性机会与系统性风险。
- 通过构建低市盈率、低市净率的投资组合,我们可以获取远高于市场平均水平的超额收益。

- 在实际操作中,将上述两个策略结合使用,在系统性机会期进入市场,在系统性风险期退出市场,同时,在进入市场时构建一个低估值的投资组合,将取得比单独使用前两个策略更加卓越的成绩。

第三章

极简股票投资法

在本章，我会教你怎样从几千只股票当中筛选出一个优质的投资组合。

在股票投资中，最最重要的两件事，就是"低估"和"分散"。我们已经在之前的章节中说明了低估的重要性，这里要专门强调一下分散。

如果神明告诉你，今天晚上你走进赌场，每一次下注的胜率都是90%，你会怎么做呢？如果你每次都押上全部资金，用不了多久你就会输光所有的钱。但是如果你把资金分成10个等份，每次只下注资产的1/10，第二天早上，你一定会赚得盆满钵满。

回到股票投资也是一样，如果你每次都把自己的全部资产押在一只你最看好的股票上，短期来看也许能有很高的收益，但是这样做的话，你一辈子只要遇到一个破产的公司，就会把之前的积累全部清零。请记住：在股票投资中，分散是必须的！**低估让你赚钱，而分散让你存活！**

接下来，咱们正式进入实战阶段。

在本章中，我会介绍两种筛选股票的方法，一种是粗选，一种是精选。但是在讲筛选股票的方法之前，我必须先跟你说一个更重要的问题，就是买入和卖出的问题。买入和卖出的策略理论上有无限多种，其中最科学的一种叫"动态再平衡"，但这是一个有难度的策略。如果你不是一名职业投资者的话，建议不要学习太过复杂的交易策略。即便是在职业投资者的圈子里，我也见过太多因使用复杂的交易策略弄巧成拙的案例。越简单的策略，越容易执行。所以答案是：在市场整体市净率小于等于1倍的时候买入，在市场整体市净率大于等于2倍的时候卖出。在本章的末尾，我会告诉你怎么查看市场整体的市净率水平。

之前的章节中咱们讲到过市盈率和市净率这两个指标，事实上这两个指标在绝大多数情况下有着很强的相关性。市净率低的时候，通常市盈率也低，反之亦然。那么为什么在实际操作中，我会将市净率定为最核心的参考指标呢？其实只要思考一下这两个指标背后的原理就能明白。市盈率是基于企业的盈利进行估值，而市净率是基于企业的资产进行估值。

我们还是回到金铺的例子。你金铺的净资产是1 000万元，如果你用心经营，每年可以赚100万元的净利润。但是去年，你稍微有点狂野。一年中你有一大半的时间都在国外度假。店长不在，店员难免懈怠，于是去年金铺就只赚了50万元。你发现世界离了你还真是不行，于是今年你回归了，金铺的盈利又恢复到100万元。

通过这个事情，我们可以发现，一家公司净利润的波动又大又快，而净资产的波动又小又慢。你出去放纵的一年，金铺的利润直接下滑了50%之多，但金铺的净资产却没什么变化，甚至还增加了50万元。所以，相比于市盈率这种以盈利为基础的估值方法，市净率这种以资产为基础的估值方法更坚实、更稳定。

现实中，股票市场由成千上万家公司构成，它们的盈利消长情况会在某种程度上相互抵消，所以我们发现"市场整体市盈率"和"市场整体市净率"之间的相对关系在多数情况下是比较稳定的。但是即便如此，在逻辑上，市净率仍然是比市盈率更加可靠的估值指标。

讲到这里，你可能会觉得，市净率小于1倍这个标准是不是太苛刻了？如果整体估值在市净率达到1.2倍时就涨上去了怎么办？这种情况的确是有可能发生的，但是不用担心，当股市整体市净率达到1.2倍的时候，后面要讲的"指数基金"和"可转债"极有可能已经出现了很好的投资机会。你解锁的技能树越多，能找到的投资机会就越多，你就越不用去珍惜某一个特定的机会，这样反而更容易等到最好的时机才出手。请记住，保住本金永远比抓住机会更重要。

接下来我们来说明具体怎样筛选股票。

粗选

先说粗选的方法。通过前面几个章节的内容，我们已经知道低市盈率和低市净率的股票是能够长期跑赢市场的，所以最简单的办法就是分散买入这些低估值的股票。首先，把你用于投资股票的资金，平均分成200等份。你没看错，是200等份！假定你要投资的是A股，那么第一步，你要把A股市场中所有的股票都找出来，然后按照"市盈率"从低到高进行排序。第二步，买入市盈率最低的100只股票，注意要剔除掉市盈率为负的公司，市盈率为负代表公司在亏损。第三步，把所有股票按照"市净率"从低到高再排序一次。第四步，买入市净率最低的100只股票，注意要剔除掉市净率为负的公司，市净率为负代表公司已经是负资产了。就这么简单，经过以上4个步骤，你便能得到一个低估值的投资组合。

实际操作中你会发现，市盈率最低的100只股票和市净率最低的100只股票，有相当一部分是重叠的，没关系，那你就买两次，市盈率和市净率双低的股票，值得你投入双倍的资金！现在，你的投资组合中有不到200只股票，每只占资产的比例不超过1%。这个组合足够低估，也足够分散。低估，确保了长期来看这个组合的收益可以超过市场的平均水平；分散，确保了无论任何公司发生任何问题，你都不会真正受到伤害！之后你要做的，就是每3个月重新做一次筛选，让新组合替代旧组合。我知道你可能觉得同时买入100多只股票有点夸张了，但其实从效率的角度来说，这比你费尽心思去研究一两只股票要省事得多。维护这个组合平均每3个月会花掉你几个小时的时间，而要深入研究一家上市公司，就算给你1 000个小时，你真的有把握研究清楚吗？曾国藩先生有一句名言，叫"结硬寨，打呆仗"。很多时候，"笨办法"才是真正高效的办法。

很多人认为，分散投资一定会降低收益，这或许源于某位投资大师说过的一句误导性极强的话："你为什么要买入自己第十看好的股票，而不是把全部资金放在你第一看好的股票上呢？"其实作为一个普通人，你看好的股票能够好于你看衰的股票，已经很不容易了。如果能确保你第一看好的股票好于你第十看好的股票，那你基本已达到神的境界。事实上那句霸气十足的话，的确是出自一位被我们称为"股神"的老人。

更多人不愿意进行分散投资的原因是：我们没有精

力去了解太多行业，分析太多公司。然而事实上，对于99%的投资者而言，分析公司是没用的，甚至可能带来负面的效果。

很多投资者对自己重仓持有的股票信心满满，问其原因，答曰："我已经对这家公司做了深入的研究。"问题是，我们的研究与真理的转换率是多少？董事长每天都在研究战略，首席执行官每天都在研究管理，皇帝每天都在研究如何确保江山万年。如果研究都是有效的，就不会有改朝换代了。

很多投资者太过重视自己的研究成果，却很少考虑自己在世界中的位置。然而那些站在世界顶端的人，他们的智慧真的达到了足以洞见未来的程度吗？投资的最优策略不是"磨剑十年，毕其功于一役"，而是"小注慢赌，实现大概率下的平均赢"。

人类普遍具有高估自己能力的倾向。统计表明，80%的司机认为自己的驾驶技术高于平均水平。刚才说到对于99%的人来说，分析公司是没用的。相信会有一部分读者会心一笑，认为自己显然属于另外的1%。可以确信，有这个想法的人一定超过1%。

我提出分析公司没有用，想必会有不少读者认为，之所以得出这个结论，是因为我本人分析公司的能力比较差。这一点不可否认，本人分析公司的水准的确很难算优秀。这里提供一篇我在 2011 年发表于《证券市场周刊》的研究报告，以此作为一个衡量标准。

万科的投资机会

本刊特约作者 刘诚 / 文

房地产市场的持续调控使未来房价、地价的走势难以判断，这也是投资者对地产股望而却步的重要原因之一。笔者同样对预测房价无能为力，但投资不是占卜，我们只需要找到在任何恶劣环境下都能顽强生存、健康成长的企业，如同天气对农民的收成至关重要，但一个好农民不会抬着头种地。

如果未来房地产市场持续低迷，那或许将是对万科（000002.SZ）最有利的情况。目前万科账面保留约 340 亿元现金，且采取带头降价加速回款的销售策略，正是为此而做的准备。

真实利润远高于报表利润

截至三季度末,万科预收账款共计 1 228 亿元,而前三季度结算的销售收入不足 300 亿元。预收账款是上市公司用来调节利润的常用工具,有心者可以去观察一下贵州茅台(600519.SH)历年预收账款的变化。

基于此,在估算公司实际净利润时,投资者不妨以销售金额作为参考。需要说明的是,"销售收入"是指会计收入,它可以在不同年度中进行调节。而"销售金额"则是当年实际产生的收入。也就是说,销售收入可能包含部分上一年度未结算的销售金额,可能未包含当年的全部销售金额,也可能两种情况同时存在。销售金额中未结算成销售收入的部分,体现在"预收账款"项下。

2010 年万科的销售面积达到 897.7 万平方米,销售金额突破千亿,达到 1 082 亿元,而利润表中的结算收入仅为 507.14 亿元。当年年报显示,已结算部分的净利润率为 14.36%,未结算部分无法得知其成本结构,保守起见,全年净利润率按 12% 计算,则 2010 年实际净利润可达 130 亿元。不过,当年年报显示的净利润为 72.8 亿元。

2011 年，万科销售金额超过 1 200 亿元已没有太大悬念。其官网显示，前 11 个月，万科累计实现销售面积 1 015.3 万平方米，销售金额 1 157.2 亿元，而利润表中结算的收入仅为 293.08 亿元。2011 年三季报显示，万科已结算部分净利润率为 12.23%，仍按 12% 的净利润率计算，则万科 2011 年实际净利润有望超过 144 亿元。

仍按照 12% 的净利润率来计算是比较保守的。这是因为地产企业的财务费用可以以资本化的方式计入成本，但营业费用和管理费用则必须全额计算为当期费用。即，万科 2011 年前三季度的销售金额绝大部分未计入利润表，而营业费用及管理费用却已全部计入利润表。这会导致净利润率虚低。

高负债不足惧

2011 年半年报显示，万科在 6 月进行的两年期信托借款的年利率为 11.5%，其借款成本高于保利地产（600048.SH）等大型国有地产企业，低于中小型地产公司。

表 3-1　万科的借款成本

金额前五名的长期借款：

贷款单位	借款起始日	借款终止日	币种	合同利率(%)	2011年6月30日	2010年12月31日
信托借款	2011-4-29	2013-4-28	人民币	11.60	1 500 000 000.00	-
信托借款	2011-6-14	2013-6-14	人民币	11.50	1 200 000 000.00	-
信托借款	2011-4-11	2013-4-11	人民币	11.00	1 000 000 000.00	-
委托借款	2010-9-28	2012-9-28	人民币	10.50	1 000 000 000.00	1 000 000 000.00
委托借款	2010-9-28	2012-9-28	人民币	11.00	1 000 000 000.00	1 000 000 000.00
合计					5 700 000 000.00	2 000 000 000.00

数据来源：万科 2011 年半年报。

表 3-2　保利的借款成本

金额前五名的长期借款：

贷款单位	借款起始日	借款终止日	币种	利率(%)	期末余额 外币金额	期末余额 本币金额	期初余额 外币金额	期初余额 本币金额
中信银行尚都国际中心支行	2010-09-16	2015-09-16	人民币	6.026		1 630 000 000.00		400 000 000.00
中信银行广州分行	2011-01-13	2021-01-12	人民币	6.400		1 500 000 000.00		

（续表）

贷款单位	借款起始日	借款终止日	币种	利率（%）	期末余额 外币金额	期末余额 本币金额	期初余额 外币金额	期初余额 本币金额
中国银行广州东山支行	2010-04-02	2020-04-02	人民币	5.940		1 230 000 000.00		1 230 000 000.00
中国农业银行佛山南海支行	2010-05-18	2013-05-18	人民币	6.300		1 000 000 000.00		1 000 000 000.00
中国农业银行北京开发区支行	2010-06-22	2013-06-22	人民币	5.985		970 000 00.00		1 100 000 000.00
合计						6 330 000 000.00		3 730 000 000.00

数据来源：保利地产2011年半年报。

三季报显示，万科负债总额为2 236.52亿元，资产负债率为78.97%。乍一看令人担忧，但仔细分析负债结构便可以发现，其中预收账款1 228.15亿元，应付账款204.8亿元，其他应付款252.74亿元，而真正的有息负债（短期借款+长期借款+应付债券）仅为290.86亿元，其中短期借款仅9.21亿元。

同期，保利地产的负债总额为 1 581.10 亿元，资产负债率为 80.07%。其中预收账款 795.07 亿元，应付账款 54.46 亿元，其他应付款 95.33 亿元。有息负债金额 591.33 亿元，其中短期借款为 24.13 亿元。

所有负债都是需要偿还的，但不同类型的负债对企业造成的财务压力完全不同。尤其是占负债比例最高的预收账款，是客户预先支付的购房款，按照规定，楼盘只有在封顶之后，才可预售。所以预收款几乎不会带来任何风险。应付账款与其他应付款，主要是与生意伙伴的往来款，交付时间弹性较大，还款压力大于预收账款，但小于银行借款及债券。

万科三季报显示，公司预付账款 + 应收账款 + 其他应收款约 450 亿元，预收账款 + 应付账款 + 其他应付款约为 1 686 亿元。

从会计应用的角度来说，预付账款基本为上游供应商占用万科的款项，应收账款和其他应收款基本为下游客户占用万科的款项；而预收账款基本为万科占用下游客户的款项，应付账款和其他应付款是万科占用上游供应商的款项。

也就是说，万科占用他人资金1 686亿元，被他人占用资金450亿元，净占用他人资金为1 236亿元。净占用他人资金占销售额比例为106.8%。

同期，保利地产占用他人资金944.86亿元，被他人占用资金208.94亿元，净占用他人资金为735.92亿元。净占用他人资金占销售额比例为108.83%。

净占用他人资金的数量是一个衡量企业竞争力的常用指标，优秀的企业往往表现出比同行更加强大的占款能力。

剩者为王

地产，是一个剩者为王的行业。只要城市化率以每年1%左右的速度提升，在城市化率达到70%之前，每年一千万套的商品房开发量是可以保障的。全国房地产公司有几万家之多，其中相当一部分并非专业的地产企业，它们只是抱着投机的心态来"分蛋糕"的。严厉的调控政策势必会将它们逐出市场。之后，地产行业的"正规军"自然会因竞争对手的急剧减少而占据更大的市场份额。

未来房地产市场持续低迷或许对万科这样的企业

最为有利。万科管理层在与投资者的交流中多次提到,他们最担心的情况,就是政策过快转向,导致市场迅速回暖,那样万科低位抄底的目的将无法实现。

2008年年末,万科高层判断房价出现拐点而放缓拿地速度,同时打折促销,加速回款。然而此后四万亿等刺激政策相继出台,刚刚出现松动的房价加速上涨。保守谨慎的万科未能充分享受那次意料之外的繁荣,2009年其销售额增速仅为32%,远远低于保利(112%)、中海(80%)和金地(85%)的飞速增长。不过2010年,万科的销售额增速快速回升到71%,高于同期保利(53%)、中海(40%)以及金地(34%)。可见,对房价形势的误判并未给万科造成太大的损失。这是万科"滚动开发"的运营方式所导致的效应,总经理郁亮曾解释过,万科不会因看空房价而做出停止拿地的极端行为,决策时会考虑到判断失误的可能,并控制其后果。

房价上涨或下跌,对于万科可能都不算糟糕。

若房地产市场持续低迷,万科未来几年的利润可能会放缓增长甚至出现下滑(此处是指实际利润,而非报表利润），但最终会随着市场份额的快速提升而好转。从历史上看，香港地产巨头都是在市场出现危机时大举扩张，迅速提升行业地位和市场份额的。

若房地产市场快速回暖，万科的利润将稳步增长，虽然抄底低价土地的梦想将成为泡影，但对投资者来说，收入和利润平稳增长可能是更容易接受的结果。以 2011 年毛估的实际净利润 144 亿元来估算，当前万科的动态市盈率仅有 4.6 倍。在产业并购中，这也是一个令人满意的估值水平。

此阶段无主要竞争对手

地产行业虽然有万科、保利、中海、金地等知名企业，但整体而言，还处于群雄并起的阶段。国家统计局数据显示，2010 年全国商品住宅销售额为 43 499 亿元，市场占有率最高的万科，其份额还不到 2.5%。所以，目前阶段的万科并没有主要竞争对手，它的发展几乎不会受到其他地产巨头的制约，反之亦然。

从历史经验看，中国香港地区前三大地产企业的合计市场占有率超过 50%，而美国的这一数据则低于 15%。很多人用中国的市场与美国对比，笔者认为这是不合理的。虽然国土面积相近，但美国的房地产市场与中国的情况截然不同。

美国适宜人类居住的土地面积（七田二水一分山）远远大于中国（七山二水一分田）。而美国人口数量约为 3.09 亿，中国约为 13.41 亿，为前者的 4.34 倍。

这意味着，中国土地资源的稀缺程度比美国高 10 倍以上，中国内地的情形可能与香港地区更加类似。笔者认为，未来 5 年至 10 年房地产市场前三大企业合计份额达到 25%～30%，是一个可以预见的情况。郁亮在 2010 年的投资者交流会中表示："我国住宅行业目前的集中度还很低，中国第一大住宅企业的最终占有率应该能达到 8%～10% 的水平。"

资源越稀缺，行业进入门槛就越高，市场集中度自然也就越高。近几年，随着土地价格的提升，有一批开发商因拿不起地而被淘汰。接下来，若房价上涨乏力，又将有一批运营能力差的开发商被逐出市场。在这样的背景下，万科目前具备足够高的安全边际和成长性。

回头看自己多年前写的东西，感触颇多。很怀念当初那个傻傻地埋头看年报、分析公司的我。时过境迁，如今我已经不信这一套了，文中自己所写的一些财务知识，如今看来甚至有些陌生。回想起来，还是那时的我比较不讨人厌一些。

如果你分析公司的能力已经达到上述这篇报告的水准，很遗憾地告诉你：即使达到了也没用。根据我的切身体会，这个段位的研究能力，对获取投资收益是没有贡献的。

回想 2011 年撰写上文时，我无论如何也预见不到 5 年之后发生在万科身上的那场举世瞩目的股权争夺战，以及整个管理团队将面临的可能被撤换的风险。同样，在 2008 年，万科的分析者更加没有理由提前预见到，董事长王石在汶川地震后发出"捐款不可攀比"的呼吁，会给万科酿成重大的名誉危机。一名撰写报告的分析员，自不必因无法预见这些意外事件而苛责自己，然而作为一位投资者，则必须面对一个事实——某些可能改变公司命运的因素，落在了我们的思考范围之外。

如果把分析公司看成一门武功，它应该是这样的：

这门武功由低到高共分为十层，第一层到第八层都只能伤害自己，练到第九层可以拥有和普通群众相当的战斗力，练到第十层的人也许可以天下无敌，也许仍然不能。

既然分析公司是无用的，那么我们如何确定该买哪些股票呢？方法惊人简单：永远只买低市盈率和低市净率的股票，分散买！

低估值和分散化是一种完美的结合，缺一不可。如果集中买入低估值的公司，一辈子只要遇到一次失败，就会把之前的积累全部清零；如果分散买入高估值的公司，你的资产必将缓慢地缩水，终有一天变得所剩无几。

精选

粗选的方法说完了，接下来我们说精选。精选的原则是，更加集中地买入那些市盈率、市净率双低的公司。当然，这里说的集中，只是相比于上面那100多只股票而言，精选之后，还是会有30只，依然是分散的。精选的方法是这样的：

第一步，先把所有上市公司中净资产小于100亿的公司全部剔除，因为通常来说，越大的公司生存能力越强，出现恶性财务造假的可能性也更小。精选的时候，我们必须更加重视每一只股票的安全性。

第二步，把所有股票按照市净率由低到高排序，保留市净率最低的100只，剩下的全部剔除。

第三步，把这100只股票按照市盈率由低到高的方式排序，等比例买入排名前30的股票。这里要特别注意一点，每一个行业的股票，最多只能买5只，如果单个行业已经买够了5只，就直接把列表中同行业的其他股票屏蔽。也就是说，我们的30只股票，至少要分配到6个不同的行业当中。精选出的30只股票，同样也要每3个月重新筛选一次，定期用新组合替换旧组合。

股票的粗选和精选两个方法说完了，下面的问题是，我们用什么工具来进行筛选，一只一只地看肯定不可能。我常用到的筛选工具有三个，分别是彭博、万得、理杏仁。彭博是终端机，万得是软件，理杏仁是个网站。彭博的优势是大而全，用彭博你可以筛选全世界任何一个国家的股市。万得的优点是精专，中国市场的数据，包括A股、B股和港股，万得提供的数据是最精确的。理杏仁的优点是价格便宜，可以按天或按小时收费。以下是这三家公司的官方网站，你可以根据自己的需要来选择。

彭博：https://origin-www.bloomberg.com/；

万得：https://www.wind.com.cn/；

理杏仁：https://www.lixinger.com/。

有了选股策略和买卖方案，还需要解决最后一个问题——怎么判断市场的整体估值。答案是，看市场中最有代表性的那个指数。A股市场的整体估值，你可以参考沪深300指数，这个指数的代码是000300。香港市场的整体估值，你可以参考恒生指数，它的代码是HSI。你也可以关注我的微信订阅号"微光破晓投资笔记"，我会每周定期更新国内各个主要指数的估值数据。

关于股票投资，最后请你注意的一点是，如果你投资的是A股，不要忘记申购新股。在目前，也就是2019年7月的政策下，申购新股可以给每个账户每年带来几万元的额外收益。钱虽然不多，但平白无故多出几万元的收益，总归是件好事。统计数据表明，A股的投资者中，有80%的人没有参与新股申购。这主要是因为，新股申购的中签率很低，一个账户平均要申购几十次，才能中一次，所以很多人连续申购几次不中之后，就懒得做了。但其实申购新股这件事，平均每个星期只会花掉你几分钟的时间。坚持做下去，你一定会有收获！当你中签了一只新股之后，它上市后通常会连续涨停，记住，在涨停板打开的那一刻，立刻卖出你的新股，一分钟也不要等！申购新股本质上是一种统计套利，这不是本书主要内容，所以在这里为了节省时间，我们不对新股的原理做过多的解释，你只需要记住，涨停板打开之后卖出，是最安全的策略。

从历史上看，申购新股的政策，平均每过几年就会有一次变化，不同的政策下，申购新股的策略也是不一样的。但是我们不可能在今天预测出未来的政策变化。并且，申购新股这个策略，也未必永远有效。A股申购新股能赚钱的一个很重要的原因，是公司在A股不能自由上市，而是需要审批。未来即使上市政策不发生变化，随着在A股上市的公司越来越多，申购新股的超额收益可能也会逐渐下降。总之，申购新股只是你通往高净值之路上的一个辅助工具。随着你资产的膨胀和时间的流逝，它注定会变得越来越不重要。

关于股票的内容，我们就讲到这里。

本章小结：

第一，要分散买入低市盈率和低市净率的股票。

第二，要在市场整体市净率水平低的时候买入，在市场整体市净率水平高的时候卖出。

第三，不要忘记申购新股。

如果你觉得自己筛选投资组合还是太麻烦，下一章，我会向你介绍一个很好的替代工具——指数基金。

第四章

指数基金投资要诀

在这一章中，我们会介绍一个比股票更方便的投资工具——指数基金。

先做一个简单的说明，指数基金本质上就是一堆股票的组合，所以指数基金的基本原理和股票是一样的。指数基金的买入标准是市净率小于等于1倍，卖出标准是市净率大于等于2倍。

"指数基金"跟传统的"股票型基金"相比，最大的区别就在于指数基金不追求跑赢市场，它只是忠实地复制某一个指数的走势。你可能会想：一个基金不追求战胜市场，这不是什么好事吧？其实恰恰相反。在之前的章节中，你学会了怎样用市盈率、市净率两个指标给指数估值，也了解到只有当一个基金严格地复制一个指数时，你才能通过查看这个指数的估值，去了解这个基金的估值。请记住，永远不要指望任何一个投资工具本身能够帮你战胜市场，战胜市场是你的任务！你是工具的主人。

前面我们说道，投资股票要想赚钱，两个必要的条件是"低估"和"分散"。低估要靠我们自己来判断，指数基金的高效之处在于，它可以帮我们实现"分散"，这样，你就不用再一只一只地买股票了。当然，这种方便是有代价的，如果指数基金在各个方面都比股票好，那么我们也就不用讲股票了。代价主要有两个，第一，指数基金是要收费的，目前国内各个指数基金的费用，为每年0.5%到1.5%不等，普遍来说，规模越大的指数基金收费越低。第二，当你选择了一个整体被低估的指数基金时，你会发现里面总会有那么几只股票是不够低估的，这就像你去餐厅点了一个套餐，就不能保证每一道菜都是你爱吃的一样。

不过和买股票相比，买指数基金也有一个明显的好处和一个隐藏的好处。明显的好处就是，买指数基金比买股票更方便。更重要的是那个隐藏的好处，买指数基金的时候，你更容易"守纪律"。当你看到自己账户有几十只甚至上百只股票的时候，你很容易对其中的一些产生偏好或者偏见。当根据规则你应该加仓、减仓或者换股的时候，你很可能因为某些股票正在暴涨或正在暴跌而产生不敢买或者舍不得卖的情绪；抑或你父亲就是某家工厂的车间主任，那么你很可能会觉得这家工厂的股票是"特殊的"。以上这些情绪，都是导致投资者亏损的原因。指数基金，让你和市场之间又多隔了一层，很多时候这其实是一种保护。

下面我们来介绍一下指数基金的类型。指数基金分为"宽基指数"和"行业指数"。宽基指数代表一个市场，行业指数代表一个行业。比如深沪300指数代表的是整个A股市场的蓝筹公司，而煤炭指数代表的是煤炭这个行业。所以在投资指数基金的时候，我们可以给宽基指数设定很高的上限，但行业指数必须要设置很低的上限。假如煤炭行业指数的市净率小于1倍，我们用来买股票的钱最多可以投20%在煤炭行业的指数基金上。原因很简单，单个行业有可能会衰落甚至消失，但整体市场不会！当然，宽基指数中也有代表性相对强的和代表性相对弱的，比如沪深 300 指数，就比上证 50 指数更能代表市场整体的估值水平。如果你很难判断一个宽基指数到底有多强的代表性，可以遵照下面这个要求去做——买入任何宽基指数的比例都不能超过资产的 50%。

接下来，我们介绍几个最有代表性的宽基指数。

最能代表 A 股市场的就是沪深 300 指数。除此之外，A 股方面我们再介绍 3 个指数。一个是上证 50 指数，它代表的是 A 股市场的巨型企业。上证 50 指数里不包含深圳市场的股票，但是无关紧要，A 股市场里的巨型企业几乎都在上海市场。另一个是中证 500 指数，它代表的是 A 股市场的中型企业。还有一个是创业板指数，它代表的是 A 股市场的中小型创业公司。很多时候，一个指数对应的指数基金有很多只，这是因为不同的基金公司会各自发行自己的指数基金，其实对于投资者来说，同一个指数的各个指数基金都差不多，所以如果一个指数对应多只基金，我在表 4-1 中列出的就是目前规模最大的那一只[①]。这里需要说明的是，表 4-1 列出各指数所对应的基金，只是为了方便查询，不构成投资建议。事实上，在任何时候，各指数基金之间的估值差异，都是非常大的。历史上从来没有出现过同一时间内，市场上所有指数基金都值得投资的情况。

如果你想查看这些指数的估值，我的微信订阅号"微光破晓投资笔记"会在每周末更新各大指数的估值数据。

下面说一个重要的知识点：在 A 股市场，你不光可以买到 A 股的指数基金，还可以买到香港市场和美国市场的指数基金。港股和美股，我分别给你介绍两个宽基指数。

香港市场方面，你可以买到"恒生指数"和"H 股指数"的指数基金。恒生指数代表在中国香港上市的所有公司中最大的 50 家。恒生指数中包括香港本地的企业，比如李嘉诚的长江实业，也包括内地企业，比如建设银行。H 股指数也叫"国企指数"，由 50 家在香港上市的内地企业构成。

[①] 指数基金的规模也是随时动态变化的。

美国市场方面，你可以买到"标普500指数"和"纳斯达克100指数"的指数基金。标普500指数由500家在美国上市的大企业构成，你可以把它理解为美国的"沪深300"，而纳斯达克100指数是美国高科技企业的代表，像苹果、微软、谷歌、英特尔等公司，都是这个指数里的重要成分股。

上面提到的两个中国香港指数和两个美国指数所对应的指数基金的名称和代码，也附在了表4-1当中。

可以在A股市场直接买到中国香港和美国的指数基金，这件事非常有价值，千万不要把这些基金仅仅当作A股市场的补充。不同市场的估值变化经常是不同步的，甚至是相反的，这会给你增加很多有效的投资机会。比如在我撰写本章内容的时候，也就是2019年8月，沪深300指数的市净率是1.51倍、H股指数的市净率是0.92倍，而标普500指数的市净率是3.26倍。最高的和最低的，相差3倍以上。

市盈率和市净率的估值方法，在全世界都是通用的，也就是说，你的狩猎范围越广，找到优质投资机会的可能性就越高！

最后，我们介绍一个特殊的指数——上证红利指数。这个指数是由过去两年平均股息率最高的50家公司构成的。股息率的计算公式是用上市公司过去一年的现金分红总额，除以上市公司的总市值。之前没有单独介绍过股息率这个指标，它和市盈率、市净率一样，也是一个重要的估值指标。高股息率、低市盈率、低市净率这三个现象，在很多时候是重叠的。通常来说，一只股息率很高的股票，它的市盈率和市净率也是比较低的。

行业指数有很多，我就不单独介绍了。如果你不是一名职业投资者，建议不要把行业指数纳入你的狩猎范围。

表4-1 指数基金列表

指数名称	指数代码	指数基金名称	指数基金代码
沪深300	000300	300ETF	510300
上证50	000016	50ETF	510050
中证500	000905	500ETF	510500
创业板指数	399006	创业板ETF	159915
上证红利	000015	红利ETF	510880
恒生指数	HSI	恒生ETF	513660
H股指数	HSCEI	H股ETF	510900
标普500	SPX	标普500	161125
纳斯达克100	NDX	纳指ETF	513100

本章小结：

第一，指数基金和股票一样，可以用市盈率、市净率来估值。买入指数基金的标准是市净率小于等于1倍，卖出指数基金的标准是市净率大于等于2倍。

第二，投资指数基金时尽量选择宽基指数，如果投资行业指数，单个行业的上限不能超过20%。

指数基金可以算是第二好用的投资工具了。下一章正式进入本书中最重要的部分，我会教你使用在我心目中最好的投资工具——可转债。

第五章

稳中取胜的投资工具，可转债（上）

本章开始，我们进入书中最核心的部分——可转债。

可转债在我使用过的所有投资工具中，可以说是性价比最高的一种。更重要的是，它的风险收益特征非常适合不以投资为职业的普通投资者。

可转债这种工具和上一章介绍的指数基金相比，它的条款会更复杂一些，我接下来会花一些时间来介绍。不过不用担心，可转债的条款虽然有些复杂，但在实际操作中，具体的投资原则却非常简单。为了便于你理解，我们先说结论，然后再慢慢解释原理。

可转债的投资策略，可以浓缩成下面这3条：

第一，在可转债价格低于面值 100 元时，分散买入可转债，买入单只可转债的金额，不能超过你总投资金额的 5%；

第二，在可转债发出"提前赎回公告"后，立刻卖出可转债。

第三，资金期限要和可转债的剩余时间相匹配，如果可转债还有 2 年到期，可以用 2 年内不用的资金买入，如果可转债还有 5 年到期，就要用 5 年不用的资金买入。

接下来，我会用尽可能简单的语言向你解释可转债的原理。

可转债，是上市公司发行的一种债券，这种债券的特殊之处在于，你可以决定是否用特定的价格把它转换成股票。如果你决定把它转成股票，转换完成后，你就拥有了发行可转债的那家上市公司的股票，同时也就不再拥有债券了。这个特性带来的好处是，如果股票大幅上涨，你可以享受股票上涨带来的收益，因为债可以转成股。如果股票大幅下跌，你可以不承担股票下跌带来的损失，因为债也可以不转成股。

举个例子，目前我们 A 股市场发行的所有可转债的面值都是100元，面值是指发行时的票面价值，发行完成后，可转债就可以在证券市场上进行交易，在自由交易的状态下，可转债的价格可能比100元高，也可能比100元低。

现在假设有一只可转债，它每一张的面值是100元，交易价格也是100元。按照合同规定，每一张可转债可以转换成20股股票，每股价格5元。同时假设这只股票当前的价格，也刚好就是5元。接下来一段时间，可转债所对应的这只股票的价格从5元涨到了10元，这时候，每张可转债还是可以转换成20股股票，那么，如果你决定把可转债转成股票，你就可以获得市值为20×10=200元的股票，一般来说，这个时候你即使不选择把可转债转成股票，可转债的价格也会直接涨到200元左右。

我们假设另一种情况，如果股票不是从5元涨到10元，而是从5元跌到了2元，这时候，你可以决定不把可转债转换成股票，那么你持有的就是债券，假设这只可转债是3年之后到期，那么在3年之后，你会拿回100元的本金加上一些利息，不但不亏钱，还能赚一点儿。

当然，这是在可转债不违约的前提下，截至 2019 年 8 月，内地市场历史上还没有出现过可转债违约的情况，但这不代表未来不会发生。如果你投资 100 元以下的可转债，并做好持有到期的心理准备，那么可转债违约，将是投资可转债唯一的风险，所以我在上面 3 条规则中的第一条就强调，要分散投资，买入单只可转债的比例不能超过你资产的 5%。理论上你投资的任何一只可转债都有可能违约，但是如果你同时持有 20 只可转债的话，它们不可能全都违约。可转债市场和普通的债券市场一样，整体、长期来说一定是正收益的。而且发行可转债的条件比发行普通的债券要严格很多，很多有资格发纯债的公司都没有资格发可转债，所以可转债违约的可能性相对更小一些。

刚才的例子中，可转债的面值和价格这两个名词你可能早就明白，刚才我们还说到，每一张可转债可以用每股 5 元钱的价格转换成 20 股股票，将可转债转成股票所需要支付的价格，学名叫作转股价。不论可转债的价格怎么变化，可转债的面值永远都是 100 元，用 100 除以转股价，就是每张可转债可以转换成股票的股数。比如转股价5元，那么每张可转债就可以转换成100/5=20股股票。

如果到这一步为止你全都看明白了，那么可转债的大致原理你已经清楚了。如果你感觉有些晕的话，请重新看一遍。要知道，可转债极有可能是你整个投资生涯中所能遇到的最好的投资工具了，它绝对值得你多花一点时间！

接下来我给你介绍另外几个关于可转债的概念和条款。

首先是溢价率的概念。上文中我们说明过，可转债只要不违约，就具有"下有保底，上不封顶"的属性，这么好的事，要不要付出什么代价呢？要的，代价就是溢价率。比如刚才的案例中，我们可以把一张可转债以每股5元的价格转换成20股股票，但是当你买入可转债的时候，每股的股价很可能只有4元。也就是说，如果你花100元买入可转债后立刻将其转成股票，你只能获得20×4=80元的股票。所以当你买入可转债之后，你得等待。股票从4元涨到5元的这段时间，你是不赚钱的，如果股价继续从5元涨到6元，你的可转债就可以转成

20×6=120元的股票。

转股价5元，实际股价只有4元，这中间的差价，就叫溢价。5元的转股价，4元钱的实际股价，溢价率就是（5-4）/4×100%=25%。在投资可转债时，溢价率是仅次于价格的第二重要的参考指标。同等条件下，溢价率显然是越低越好，可转债的溢价率越低，股票上涨的收益就能越直接、越快速地反映到这只可转债身上。

溢价率的计算方法你必须知道，但实际操作中，并不需要每次都自己算。通过网站https://www.jisilu.cn/，你可以清楚地看到每一只可转债的各项数值，并且它是每分钟实时更新的。你进入这个网站后，点击实时数据，再点击可转债，就可以看到可转债的最新数据了。注意，当你进入可转债的界面之后，你会同时看到"可转债"和"可交换债"两个品类的数据，你要在页面上方单独勾选"可转债"，才能清除掉交换债的数据。我在文稿中附了一张图，看一眼就能明白（如图5-1所示）。至于"可交换债"是什么东西，本书不讲。你只需要记住，相比之下，可转债是更好用的工具就行了。

"虽然可转债有涨的时候像股票，跌的时候像债券

可转债　强赎　回售　其他条款　待发转债　自选

可转债(手动刷新 □30秒自动刷新)　可转债数据说明　☑可转债　□可交换债　☑仅看已上市　□合格机构投资者可买　□仅看自选　讨论与反馈　转债佣金百万分之5

代码	转债名称	现价	涨跌幅	正股名称	正股价	正股涨跌	PB	转股价	转股价值	溢价率	纯债价值	期权价值	理论价值	理论偏离度	波动率	回售触发比	强赎触发价	转债占比	机构持仓	到期时间	剩余年限	到期税前收益	到期税后收益	预期回售日	回售剩余	回售税前收益	回售税后收益	成交额(万元)	折算率
128012	辉丰转债	79.160	-0.15%	辉丰股份	2.86	-0.35%	1.10	7.740	36.951	113.48%	82.69	3.30	85.99	-8.63%	41.85%	189.44%	10.06	19.6%	11.67%	22-04-21	3.767	8.38%	7.99%	20-07-20	2.01	15.35%	14.85%	249.24	0.00
127003	海印转债	83.710	-0.31%	海印股份	2.41	-0.82%	1.56	5.250	45.905	82.36%	93.38	1.02	94.40	-12.77%	23.07%	152.49%	6.83	20.5%	8.34%	22-06-08	3.899	8.48%	7.74%	20-09-06	2.15	10.21%	9.89%	415.26	0.00
128013	洪涛转债	84.434	-0.20%	洪涛股份	3.61	0.28%	1.22	9.980	36.172	133.42%	91.60	1.07	92.67	-9.75%	30.07%	193.52%	12.97	26.7%	9.81%	22-07-29	4.038	7.66%	6.99%	20-10-27	2.28	9.47%	9.12%	73.83	0.26
128037	岩土转债	84.848	-0.57%	中化岩土	4.91	-1.60%	2.42	8.030	61.146	38.76%	83.27	16.66	99.93	-17.78%	39.34%	114.48%	10.44	6.8%	0.00%	24-03-15	5.668	5.30%	4.84%	22-06-13	3.91	5.33%	5.12%	142.20	0.00
128018	时达转债	86.208	-0.30%	新时达	6.50	-0.31%	1.27	11.830	54.945	56.90%	83.59	10.27	93.86	-8.88%	35.16%	127.40%	15.38	21.9%	0.04%	23-11-06	5.312	5.00%	4.57%	22-02-04	3.56	5.40%	5.17%	32.20	0.00
128036	金农转债	87.000	-1.42%	金新农	7.15	-0.56%	1.49	9.620	74.324	17.22%	75.18	18.13	93.31	-7.25%	30.63%	94.18%	12.51	23.9%	1.61%	24-03-09	5.652	4.55%	4.15%	22-06-07	3.90	4.73%	4.51%	463.44	0.00
128038	利欧转债	87.220	-0.46%	利欧股份	2.05	-0.49%	1.39	2.750	74.545	17.00%	83.91	17.82	101.73	-16.64%	29.85%	93.90%	3.58	19.2%	0.40%	24-03-22	5.688	4.93%	4.45%	22-06-20	3.93	4.56%	4.35%	904.77	0.00
128026	众兴转债	87.390	-0.26%	众兴菌业	8.35	-1.76%	1.14	11.640	71.735	21.82%	76.54	18.84	95.38	-9.14%	34.58%	97.58%	15.13	29.5%	-	23-12-13	5.414	4.67%	4.25%	22-03-13	3.66	4.91%	4.68%	67.86	0.00
113502	嘉澳转债	87.660	-0.41%	嘉澳环保	28.38	-2.41%	2.84	45.270	62.691	39.83%	78.46	20.00	98.46	-12.32%	45.62%	111.66%	58.85	8.9%	-	23-11-09	5.321	5.05%	4.55%	22-02-08	3.57	4.95%	4.71%	49.92	0.00
123001	蓝标转债	87.684	-0.42%	蓝色光标	5.11	-5.19%	1.83	9.810	52.090	68.00%	94.23	8.67	102.90	-17.35%	45.32%	134.38%	12.75	12.8%	5.54%	21-12-18	3.427	7.66%	6.92%	20-03-16	1.67	10.20%	9.80%	359.38	0.27
127004	模塑转债	88.300	-0.27%	模塑科技	3.61	-0.82%	1.12	7.720	46.762	88.83%	88.80	3.65	92.45	-4.70%	28.93%	149.70%	10.04	31.4%	6.63%	23-06-02	4.882	5.68%	5.08%	21-08-31	3.13	5.31%	5.06%	9.09	0.00
128023	亚太转债	88.720	0.45%	亚太股份	5.76	-0.69%	1.48	10.340	55.706	59.26%	84.68	10.78	95.46	-7.60%	35.17%	125.66%	13.44	23.5%	0.86%	23-12-08	5.400	4.69%	4.21%	22-03-08	3.65	4.43%	4.21%	135.22	0.00
128039	三力转债	89.430	0.19%	三力士	5.88	1.20%	2.27	7.380	79.675	12.05%	73.21	27.09	100.30	-12.15%	36.99%	87.86%	9.59	16.0%	-	24-06-07	5.899	3.73%	3.38%	22-09-06	4.15	3.61%	3.44%	572.87	0.00
113014	林洋转债	90.080	-0.35%	林洋能源	4.59	0.00%	0.85	8.800	52.159	72.70%	83.78	12.62	96.40	-7.02%	42.91%	134.20%	11.44	37.0%	8.24%	23-10-27	5.285	4.13%	3.71%	22-01-25	3.53	4.13%	3.90%	54.87	0.00
128030	天康转债	91.014	-0.53%	天康生物	6.16	-0.81%	1.95	8.150	75.583	20.42%	84.44	10.55	94.99	-4.37%	19.01%	92.61%	10.60	16.8%	-	23-12-22	5.438	4.16%	3.69%	22-03-22	3.68	3.65%	3.44%	19.51	0.00
128021	兄弟转债	91.100	0.53%	兄弟科技	5.97	0.51%	2.19	11.230	53.161	71.65%	82.91	22.17	105.08	-15.35%	61.43%	131.68%	14.60	21.7%	2.91%	23-11-28	5.373	3.75%	3.35%	22-02-26	3.62	3.62%	3.42%	65.14	0.00
113017	吉视转债	91.220	-0.09%	吉视传媒	2.23	0.00%	1.01	2.960	75.338	21.08%	84.95	12.82	97.77	-7.18%	22.29%	92.91%	3.85	22.5%	0.74%	23-12-27	5.452	3.67%	3.28%	22-03-27	3.70	3.50%	3.31%	89.31	0.00
123004	铁汉转债	91.390	0.00%	铁汉生态	5.37	停牌	2.04	8.230	65.249	40.06%	82.61	25.34	107.95	-18.12%	51.69%	107.28%	10.70	13.5%	2.08%	23-12-18	5.427	3.65%	3.26%	22-03-18	3.67	3.47%	3.27%	0.00	0.00
113016	小康转债	91.920	0.99%	小康股份	17.39	0.81%	3.21	22.760	76.406	20.30%	83.59	22.51	106.10	-15.43%	36.08%	91.62%	29.59	9.5%	0.02%	23-11-06	5.312	3.71%	3.29%	22-02-04	3.56	3.50%	3.28%	112.02	0.00
128019	久立转2	92.300	-0.12%	久立特材	6.07	-0.98%	1.73	8.220	73.844	25.20%	83.16	20.33	103.49	-12.12%	35.02%	94.79%	10.69	20.4%	1.35%	23-11-08	5.318	3.53%	3.13%	22-02-06	3.56	3.29%	3.09%	99.45	0.00
123003	蓝思转债	93.980	-0.40%	蓝思科技	13.69	-2.63%	3.18	24.180	56.617	66.60%	85.23	25.36	110.59	-17.67%	63.33%	123.64%	31.43	13.4%	10.96%	23-12-08	5.400	3.12%	2.73%	22-03-08	3.65	2.70%	2.50%	1358.67	0.00

来源：https://www.jisilu.cn/。

图 5-1　可转债列表

的特性，但同时也付出了一定的溢价率作为代价，所以也是挺公平的呀"，如果你这样想，那么你就把可转债这东西想简单了，在溢价率的问题上，它是可以"作弊"的！作弊的方法，学名叫"下调转股价"。

刚才的案例中我们说过，一只可转债的转股价是 5 元，但当时可转债所挂钩的股票可能只有 4 元。4 元太温柔了，我们说个更极端的，转股价 5 元，但实际股票价格只有 2 元，够绝望了吧，股价要涨 150% 才能把溢价抹平，看上去是永远都没有希望了。但是重点来了，这种情况下，发行可转债的上市公司有一个权利，叫作"下调转股价"，它可以把可转债的转股价格，直接从 5 元调整到 2 元，调整之后，每一张可转债就能以每股 2 元的价格，转换成 100/2=50 股股票。你没看错，就是有这种好事，在整个下调转股价的过程中，我们作为可转债的持有者，不用为此付出任何代价！当然，下调转股价有两个限制：第一，下调后的转股价，不能低于上市公司的每股净资产[①]；第二，上市公司提出的下调转股价的方案，需要股东大会审议通过，历史上看，下调转股价的议案大部分都

---

① 也有个别的可转债没有这个限制。

是可以通过的，具体都是怎么通过的，每家公司情况不同，就不一一解释了，我们只需要知道，如果上市公司的实际控制人，想要对自己的公司做些什么，我们要相信他们的能力和手段。当转股价下调到2元之后，未来只要股价涨到3元，你的可转债就能从100元涨到150元，股价涨到4元，你的可转债就能涨到200元。可别忘了，这个可转债一开始的转股价是5元。最终的结果是，股票价格从5元变成4元，你的可转债却翻倍了！

说到这里你可能会问，我只不过买了个可转债而已，上市公司凭什么这么拼命地帮我？其实它不是在帮你，它是在帮自己。买了可转债之后，你最大的好处就在于，你的利益和上市公司实际控制人的利益，在很大程度上是一致的！下一章，我会告诉你，为什么发行可转债的上市公司，看上去非要让买可转债的人赚钱才肯罢休，这背后到底隐藏着怎样的利益关系！

本章小结：

一个骰子有六面，掷出1、2、3你赢一元，掷出4、5、6你不赢不输。在特定情况下，可转债能够实现这种收益和风险的不对称。

第六章

稳中取胜的投资工具，
　　可转债（下）

在本章，我会告诉你可转债背后隐藏的利益关系，同时向你介绍另外几个可转债的概念和条款。

上市公司为什么要发行可转债？通常来说，上市公司发行可转债的目的，是最终实现股权融资。换句话说，就是它希望你把债转成股，这样它就不用还钱了。当然，债权融资和股权融资都是有代价的，债权融资的代价是还本付息，股权融资的代价是会稀释股份。每家上市公司的战略选择是不同的，但是根据可转债的条款，我们基本可以判断，发行了可转债的上市公司，绝大多数都是希望看到可转债转股的。因为发行纯债比发行可转债要容易得多,如果公司不想进行股权融资,直接去发纯债就好了。从结果上看,历史上发行并且已经到期的可转债中,没有成功实现转股的比例只有不到5%。换句话说,超过95%的可转债最终都转成了股票。

说到这儿你可能会问:既然股票涨的时候,可转债也会跟着涨,那么我如果一直拿着可转债,不把它转成股票,上市公司不是也没办法吗?不是这样的,假设随着股票价格的上涨,可转债的价格也涨到了160元,如果你不转股,等到债券到期之后,公司会按债券面值加上利息来还你钱,最后你只能拿到100元到110元,所以,转股才是最符合你利益的选择。上一章我们说过,在可转债这个品种上,持债人和上市公司的实际控制人的利益是一致的!

另外,关于可转债还有一个特别值得注意的现象。一般上市公司发行的可转债,都是5年期或者6年期的,理论上,持有可转债的人,可以等到可转债到期前的最后一刻决定是把可转债转成股票,还是让公司还本付息。但实际结果是,A股历史上发行的所有可转债的平均存续期只有2.16年。也就是说,持有可转债的人,平均只

第六章 稳中取胜的投资工具，可转债（下）

持有了2.16年，就把可转债全部转成股票了。这又是什么原因？这就要讲到可转债的另一个重要条款"提前赎回条款"。请记住，上市公司不光有能力"帮"你转股，它还有能力"逼"你转股。我们来看一段合同中的原话："在本可转债转股期内，如果公司股票任意连续30个交易日中至少有15个交易日的收盘价不低于当期转股价格的130%(含130%)，公司有权按照债券面值加当期应计利息赎回部分或者全部可转债。"这段话是什么意思？其实很简单，如果可转债的转股价是10元，那么当可转债所挂钩的股票价格涨到13元并且维持了一小段时间之后，上市公司有权利提前赎回它发行的可转债。一旦上市公司决定启动"提前赎回条款"，它会公开发布赎回公告，通常赎回公告会在一个月之内发布3次或以上，一般来说，你有大约一个月的时间来进行转股①。在实际操作中，我建议你在提前赎回公告发布之后，立刻就卖出可转债，或者把可转债转成股票之后再把股票卖掉，这两种方法都可以。将可转债转成股票，需要输入一个"转股代码"，赎回公告里会告诉你代码是多少。具体的

---
① 具体情况以公告为准。

转股操作，每家证券公司的系统不太一样，你第一次做的时候，咨询一下你的客户经理就行了。

　　理解了提前赎回条款的含义，你就会明白，如果上市公司想要让你提前把可转债转成股票，它就必须想办法，让你手里的可转债尽快涨到130元以上。所以我在一开始提出的可转债投资三原则中，第一条就告诉你，要买入100元以下的可转债，现在你应该明白是什么原因了。

　　说到这儿，你可能有两个问题想问。

　　第一个问题，可转债超过130元就可以被提前赎回，那130元是不是就是可转债上涨的极限了？不是的，历史上所有可转债的平均收盘价是164元；要知道，一个金融产品最后一个交易日的价格，不太可能就是存续期内的最高价格。所以另一个数据是，所有可转债的历史最高价的平均值是202元。可转债不是超过130元就可以提前赎回吗？为什么会有机会涨到这么高？主要有两个原因：第一，在可转债上市后的前半年，上市公司是不可以进行提前赎回的；第二，即使可转债价格超过了130元，上市公司也不一定会立刻行使提前赎回的权利，历史上也有一些公司，是在股票价格比转股价格高出60%甚至100%的时候，才去行使提前赎回的权利的。

你可能想问的第二个问题是：上市公司发了提前赎回公告，我怎么才能知道？我应该去哪儿看？最正规的渠道是交易所的网站，如果你买的可转债所挂钩的股票是在上海市场交易的，你就进入上海证券交易所的网站，然后在搜索栏内输入股票代码，接着就可以看到这家上市公司全部的公告了。如果你买的可转债所挂钩的股票是在深圳市场交易的，你就进入深圳证券交易所的网站，然后做相同的操作。在中国内地市场，代码以6开头的就是上海股票，代码以0或3开头的，就是深圳股票。下面是上交所和深交所的官方网站网址。

上交所：http://www.sse.com.cn/；

深交所：http://www.szse.cn/。

你也不用天天都去看公告，当可转债满足提前赎回的条件后，你每周末去交易所看一次就行了。

有些券商行情软件中的F10功能也可以查看可转债的提前赎回公告。但是，我还是建议你定期去交易所的网站看公告，虽然麻烦一点，但毕竟交易所的数据更及时，也更可靠。

好了，到这一步，关于可转债的知识就讲得差不多了。我想现在你应该明白，我在上一章开篇提出的可转债投资三原则到底是怎么来的了。我再给你重复一遍那三条原则：

第一，在可转债价格低于面值100元时，分散买入可转债；买入每只可转债的金额，不能超过你总投资金额的5%；为什么要低于100元再买？因为就算可转债最终没能转股，还本付息你也能赚钱。更重要的是，当你用低于100元的价格买了可转债后，上市公司有充分的动力帮你把可转债价格提升到130元以上。但如果你是用200元买的可转债，那你就只能自生自灭了，上市公司没有任何意愿帮你把价格提升到400元。为什么每只可转债的投入金额不能超过资产的5%？跟买股票一样，分散投资，追求大概率下的平均赢！

第二，在可转债发出"提前赎回公告"后，立刻卖出可转债。为什么要在看到提前赎回公告后立刻卖出？其实等到最后一刻再卖出也行，从预期收益的角度看没什么区别，建议你立刻就卖，主要是怕时间拖太久，你会把这事给忘了。我的一个朋友，曾经在"平安转债"发布提前赎回公告后，忘记了卖出可转债，结果眼睁睁地看着170元左右的可转债，被上市公司以一百零几元的价格拿走。我希望这样的事情，不要发生在你的身上。

第三，资金期限要和可转债的剩余时间相匹配，如果可转债还有2年到期，你可以用2年内不用的资金买入，如果可转债还有5年到期，你就用5年内不用的资金买入。这一条很好理解，虽然历史上可转债平均的存续期只有2.16年，但这2.16年只是一个平均数，有些可转债上市后9个月就转股了，也有一些拖到最后一年才转股，还有少数几只根本就没转成。所以我们在投资任何一只可转债的时候，都要做好持有到期的心理准备。

关于可转债投资的基本原理，就介绍到这里。在下一章中，我会给你讲几个我自己投资可转债的实战案例。

本章小结：

可转债的持有者与上市公司实际控制人的利益是高度一致的。

第七章

可转债投资实例：中行转债

在这一章，我会给你分享一个我投资可转债的实战案例。希望你结合前两章的内容，体会一下当初我投资可转债的过程。

在这个案例中，我投资的可转债是中国银行发行的"中行转债"。中行转债是在2010年6月发行的，最终在2015年3月退市，整个存续期将近5年，这在历史上发行的所有可转债当中，算是存续时间非常长的了，上面说过，可转债平均的存续时间，只有2.16年。

我投资中行转债，是在2011年的11月30日，当时中行转债的价格是94.46元，转股溢价率大约是19%，也就是说，中国银行的股票，只要先上涨19%，若再继续涨的话，我就可以享受到全部的收益。在之后的几年中，中行转债的价格最高涨到194.16元，2015年1月28日，中行发布提前赎回公告，那时的价格是174元。我也在中行发布提前赎回公告后立即卖出了全部的中行转债。整个投资过程历时3年零3个月，总收益率是84.2%。年化收益率是20.68%。

图7-1显示了中行转债从上市到退市的历史走势。对于这一笔投资，有下面几个问题值得重点讨论一下。

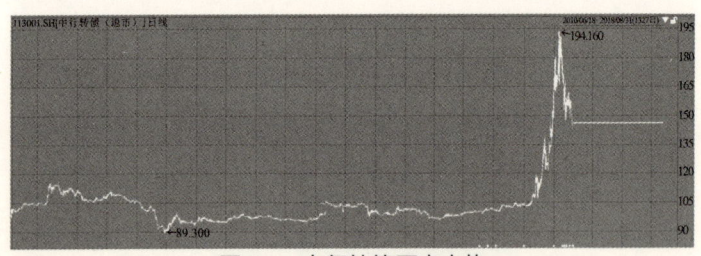

图7-1　中行转债历史走势
资料来源：万得。

第一是时间，你可以看到，在我买入中行转债之后的整整3年，中行转债基本上没有上涨，始终在100元上下徘徊，直到2014年10月，中行转债才突然开始爆发，短短3个月的时间就涨到了170元以上。我把图放在这儿，把过程写下来，就是一瞬间的事，但如果你实际去经历的话，那将是一个非常漫长的过程。3年是1 000多天，26 000多个小时。当年身边的朋友，有十多个人跟我一起投资了中行转债，但真正坚持到最后的，享受到收益的，除我之外，就只有两个人。3年的时间，可以腐蚀掉绝大多数投资者的心理防线。试想一下，你花94元买了一只可转债，100天后它还是94元，300天后它还是94元，500天后它还是94元，1 000天后它还是94元，你心里是什么感受？事实上，有几个朋友是到了2014年7月和8月才放弃的，基本上算是倒在了日出前的最后一刻。这种情况下，我们靠什么坚持到最终开花结果、瓜熟蒂落的那一天？不是靠信仰，也不是靠勇气，坚持需要勇气，放弃也需要勇气，做对的人有信仰，做错的人也可能有信仰，在投资的世界，信仰和勇气一点用处也没有，只有充足的知识才能帮助我们。

我之所以不会在半路放弃，是因为当我买入中行转债的时候，就做好了坚持很多年的心理准备。因为我从一开始就知道，可转债什么时候能上涨是不确定的，这是一个概率分布的问题。94元买入的可转债，半年就涨到170元，或者三四年之后才开始上涨，都是正常现象。我能等3年，是因为这件事并没有超出我的认知范围。94元买入中行转债的时候，我甚至做好了持有到期的心理准备，如果中行转债一直不涨，到期还本付息，我大约能拿回110元。

说到这里，你可能会问：既然中行转债在前3年都没有上涨，那能不能等到第三年的时候再买入？答案是不能。我们面对复杂的证券市场，一定要保持最基本的敬畏之心。你得承认你不能预测市场的涨跌，否则你根本不需要投资可转债。正是因为市场的波动很难预测，我们才需要追求收益和风险的不对称，你如果知道市场下一刻会发生什么，那就根本没有风险，只有收益了。另一方面，也不是所有可转债都要等很久。事实上，下一章要提到的案例，就是我只持有了一年就功成身退的平安转债。不过这是后话，咱们先回到这个中行转债的案例。

在这个案例中，除了时间因素之外，另一个值得拿出来讨论的，就是两只相似的可转债之间的对比。同样是在2011年的11月30日，四大国有银行中，工商银行发行的工行转债也在证券市场交易，当时中行转债的价格是94元，工行转债的价格是107元，从价格上看，明显是中行转债更便宜，但同时需要考虑的另一个因素是，中行转债的溢价率是19%，而工行转债的溢价率只有1.3%。也就是说，中国银行的股票要先涨19%，中行转债才会跟随股票一起上涨，但工商银行的股票只需要先涨1.3%，工行转债就能跟随股票一起上涨。这时就面临一个选择，到底是价格低更重要，还是溢价率低更重要。最终我选择了价格更低的中行转债，原因是，虽然可转债是个攻守兼备的品种，但在实际投资时，我认为应该更加看重它的防御属性。可转债的价格越高，它事实上就越接近于股票，而可转债的价格越低，它攻守兼备的属性就越明显。

从最终的结果来看，中行转债最高涨到194元，工行转债最高涨到163元。但这个结果本身不能说明什么问题，可转债价格在向上脱离130元之后，最终能涨到多少，其实有很强的随机性，再来一遍的话，两个结果互换也不是没有可能。其实在当时选择中行转债的时候，我就已经做好了它的收益会低于工行转债的心理准备。

本章小结：

投资可转债需要足够的耐心。虽然绝大多数可转债会在到期之前成功转股，但投资可转债时，仍需做好持有到期的心理准备。

第八章
可转债投资实例：平安转债

上一章分享了中行转债的投资案例，这一章，我来分享平安转债的投资案例。

平安转债是保险业巨头中国平安发行的可转债，在2013年12月9日上市，上市之后没过几天，就跌到了100元左右。我在102元左右时分两批买入了平安转债。当时的情况比较特殊，我没有等它降到100元以下主要有这样两个原因。第一，当时平安转债的溢价率非常低，大概为3%；第二，我当时原本就持有中国平安的股票，所以就面临一个是否要切换的选择。上一章中，我面对的是中行转债和工行转债这两个可转债之间的选择，而这一次，我面对的是正股和可转债之间的选择。3% 的溢价率，意味着如果我把中国平安的股票换成可转债的话，当股票上涨时我会损失 3% 的收益，对此的补偿是，我持有的资产从"下不保底，上不封顶"的股票，变成了"下有保底，上不封顶"的可转债。这里请你注意一点，102 元的可转债，也是保底的，通常来说，可转债几年累计的利息加上最后偿还的本金，总共会超过 110 元。我在前面反复强调要买 100 元以下的可转债，是出于一种更加保守的考虑，我希望你不仅能享受到股票上涨的收益，同时也能在最差的情况下，得到还算不错的利息收益。

但是在这个案例中，由于我本身就持有中国平安的股票，所以对比的思路会不太一样。用一个不太恰当的比喻来说，当时的选择就像是：要不要花 3% 的成本，给中国平安这只股票买个保险。我最终的回答是：要！所以我在平安转债 102 元上下的时候，把中国平安的股票全部换成了中国平安的可转债。在上一个案例中，中行转债的投资过程历时 3 年零 3 个月，而平安转债的投资周期就短很多，2014 年 12 月 24 日，平安转债发布"提前赎回公告"后，我在 25 日以 152 元的价格卖出了平

第八章 可转债投资实例：平安转债

安转债。整个投资过程历时一年，总收益率是49%，由于只用了一年，所以年化收益率也是49%。

在这个案例中，还有一个值得重点讨论的问题，就是卖出策略。

图8-1是平安转债的历史走势图，我在152元卖出平安转债之后，它最高涨到了192元，另外它最终收盘的价格是167元。这种情况下，你心里可能会有个疑问：在公司发布提前赎回公告之后，立刻就卖出，是不是太早了？是不是可以等它再涨一涨？我的建议是最好不要等。再看一下上一个案例中中行转债的走势图，你会发现，在中行转债发布提前赎回公告之后，它的价格是一路下跌的。如果你在这两个案例中都选择再等一等，平均而言并不会得到更好的结果。

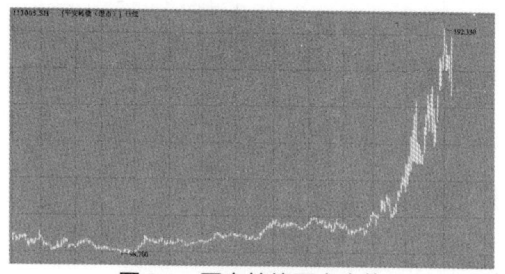

图8-1 平安转债历史走势

资料来源：万得。

在目前投资转债的小圈子中，比较流行的卖出策略有两种：一是我们刚才说的，在看到提前赎回公告后立刻卖出的策略，我们可以叫它策略1；另一种策略，我们可以叫它策略2。

策略2的方法是：在可转债价格达到或超过130元之后，只要从最高点下跌超过10元，就卖出，不考虑有没有发布赎回公告。举例来说，当一只可转债的价格第一次达到130元时，它的历史最高价显然也是130元，那么如果未来有一天，它的价格从130元下跌到了120元，就立刻卖出全部的可转债。如果未来价格上涨到140元呢？这时候，它的历史最高价就是140元，那么就重新以140元为基准，如果下跌10元达到130元，就卖出可转债；如果涨到了150元，就把基准调整到150元。以此类推。当然，策略2的使用有一个极限，就是不能超过可转债的"赎回日"，一旦超过了赎回日，你的可转债就会被公司以100元左右的价格直接拿走。这个规则很重要，如果你忘记了，一定要回顾一下前面的内容。一般来说，赎回日会出现在可转债发布"提前赎回公告"的一个月之后，具体日期以公告为准。

策略2的好处是，它可以在可转债的快速上涨中，实现一个"止损不止盈"的效果，但同时，这个策略也有几个额外副作用。

第一，从结果上看，策略2有时候会导致可转债卖出过早，比如第一个案例中的中行转债，如果使用策略1，即看到提前赎回公告后卖出，那么卖出的价格是174元，但如果按照策略2，卖出价格将是130元左右，原因是在可转债上涨的过程中，出现过一次从140元到122元的大幅回撤。

第二，耗时。可转债在超过130元之后，价格的波动会非常剧烈，如果按照策略2的要求，从最高点回撤10元就卖出，我们就必须在交易时间一直盯着看。

第三，你操作的时候更容易不守纪律。其实本书讲的每一种投资工具，都有很多种投资策略，但我通常会建议你选择最简单的那一种。因为10多年的投资经验告诉我，复杂的策略到了实际操作中，往往会比你预期的更复杂。有时候，单从数学期望的角度看，复杂策略是好于简单策略的，但现实中，往往是那些使用简单策略的人赚钱更多，因为使用复杂策略的人，除了策略本身的风险之外,还额外承担了一个执行时偏离策略的风险。

综合以上原因,如果你不是一名职业投资者,我建议你选择策略1。想要简单有效地取得收益,策略1已经足够了。

其实严格来说,现在比较流行的策略1和策略2,都不是最科学的。最科学的方法是"动态再平衡"。但是动态再平衡这个策略,难度更高,需要对投资有很深刻的理解才能执行,否则很容易在实际操作中混淆再平衡和炒短线的区别。

下面我简单科普一下"动态再平衡"的原理和策略。

动态再平衡是一种在逻辑上十分严谨的思想。它的主旨是:在任何时候,用任何资产和任何资产做对比。假设你现在持有一批可转债,根据动态再平衡的逻辑,此刻你需要思考的问题是:如果我不持有这些可转债,我还能持有什么?其他资产的性价比会不会更好?这里所说的"其他资产",不仅仅包括其他可转债,也包括股票、债券、银行存款、基金、期权等金融资产;这里所说的"其他资产"甚至不仅仅包括金融资产,也包括

第八章 可转债投资实例：平安转债

房产、金条、煤矿等一切实物资产。这是广义的动态再平衡，也是动态再平衡的真正内涵。

不过，广义的动态再平衡，如果要展开讲，需要单独写一本书才行。我们这本书主要讨论的是最狭义层面的动态再平衡，也就是可转债与可转债之间的再平衡。

实际操作中，我有时候会等到可转债发布"提前赎回公告"后再卖出可转债，但并不是任何时候都这样做。有些时候，我会在可转债价格出现一定程度的上涨，但并未发布提前赎回公告时，就卖出该可转债，换成其他价格更便宜的。

甚至有些时候，我会在某只可转债并未上涨的情况下将它卖出，因为有其他可转债跌到了更加诱人的价格。

接下来，我会分享两个我在可转债没有发布提前赎回公告时，基于动态再平衡的逻辑卖出可转债的实战案例。

本章小结：

当你投资的上市公司发行了可转债时，假如该可转债的价格和溢价率都很低，应该将股票换成可转债。

第九章

可转债投资实例：蓝标转债

蓝标转债算是非常典型的一个可转债投资案例。蓝标转债于 2016 年 1 月上市，截至我撰写本章的 2019 年 8 月，该转债尚未到期。蓝标转债的案例，充分展示了可转债"下调转股价"带来的效果。我们先来看两张图。

图 9-1 是蓝色光标公司的股票从 2016 年 1 月到 2019 年 3 月的价格走势图。图 9-2 则是蓝色光标发行的可转债"蓝标转债"从 2016 年 1 月到 2019 年 3 月的价格走势图。

可以看到，2016 年到 2019 年这 3 年时间里，蓝色光标这只股票的价格，从 11.9 元跌到了 5.7 元，而与此同时，蓝标转债的价格却从 115 元涨到了 125 元。正股与可转债出现完全相反的走势是因为在这3年期间，蓝标转债连续3次下调转股价。第一次下调到10元，第二次下调到5.29元，第三次下调到4.31元。

从图9-1我们可以看到，蓝色光标股票的价格，最低跌到3.72元，之后几个月最高涨到了6元左右。由于最后一次下调转股价之后，股票价格出现反弹，于是蓝标转债的价格，从最低的84元，涨到了最高144元。

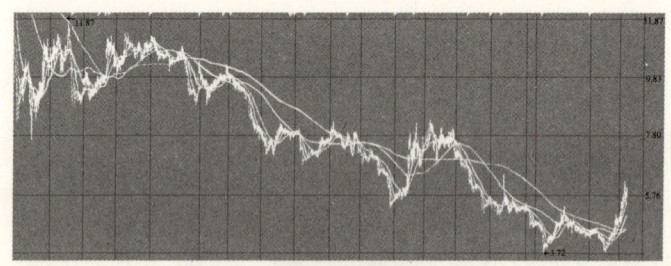

图9-1 蓝色光标股票历史走势

资料来源：万得。

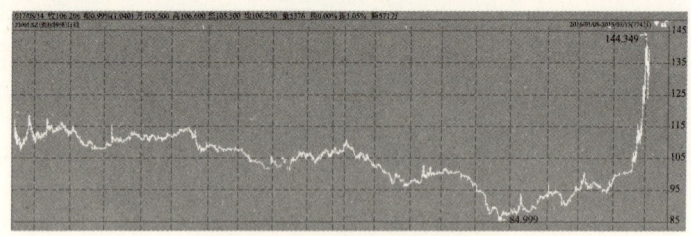

图9-2 蓝标转债历史走势图

资料来源：万得。

第九章 可转债投资实例：蓝标转债

如果你是从 2016 年 1 月开始，以 115 元的价格投资蓝标转债，那么到此为止的收益并不算高，但在 2016 年至 2019 年这 3 年漫长的熊市中，也足以助你战胜市场中绝大多数的投资者了。

不过根据我们前面几章所讲的投资策略，价格超过 100 元的可转债通常并不值得购买。在这个案例中，我是在 2018 年 5 月蓝标转债价格为 95 元时，投资了该可转债，到 2019 年 3 月，我在 132 元卖掉了全部的蓝标转债。整个过程历时 10 个月，总收益率为 39%，年化收益率为 48%。

这个案例中，值得重点讨论的问题有两个。

一个是刚才所说的，由于"下调转股价"这个功能的存在，可转债完全可能出现和正股完全相反的走势，在股票下跌的过程中产生收益。

第二个要讨论的问题就是：为什么不等到"提前赎回公告"发布后再卖出可转债？主要有两个原因。

第一个原因是：当中行转债和平安转债价格达到 130 元时，它们所对应的正股的估值并不算高。换句话说，如果中国银行和中国平安那时没有发行可转债，我也愿意持有它们的正股,而当蓝标转债价值达到130元时,它所对应的蓝色光标正股,估值是高还是低,我无法判断。

更重要的原因是:在2014年至2015年那段时间,市场中的可转债数量很少,如果过早卖出中行转债和平安转债,那么卖出之后想找到性价比更高的选择并不容易,而在2019年,市场中存在的可转债数量相比于2014年多了几倍。当我卖掉132元的蓝标转债之后,还有很多价格低于100元或者在100元左右的可转债任我挑选。卖掉蓝标转债之后,我又买入了一只当时价格略低于100元的可转债。截至撰写本段文字的2019年9月,这只可转债我仍在持有,出于监管要求,暂时不便说明具体是哪一只可转债。

其实卖掉蓝标转债之后具体换成哪只可转债并不是重点。我想说明的是,如果你手中的可转债涨到了130元以上,同时你又能找到其他100元以下的可转债,那么你可以选择不等"提前赎回公告"发布,就直接切换。这里需要特别强调的一点是,"买入单只可转债的金额不能超过资产的5%"这个标准绝对不能突破。任何时候,你一定要确保自己的投资组合是足够分散的!

关于可转债的再平衡,还有两点需要说明。

第一,理论上说,可转债之间的再平衡,不一定非得是将130元以上的换成100元以下的,也可以是将110元的换为105元的。但实际操作中,还是建议把尺度控制在"将130元以上的换成100元以下的"这个范围,再平衡的频率太高会增加很多交易成本,更重要的是,在频繁的交易中,投资者很容易情绪失控。

第二,动态再平衡的策略,是对"低价买入等待强赎"策略的一种优化,它不是必需的。如果再平衡的策略超出了你的能力范围,那么你直接退回到最简单、最原始的策略就好。

下一章,我们一起分享最后一个可转债的投资案例。

本章小结:

由于有下调转股价条款的存在,正股股票价格下跌对可转债来说不是纯粹的坏事。

第十章

可转债投资实例：利欧转债

利欧转债于 2018 年 4 月上市，截至我撰写本段文字的 2019 年 8 月，该可转债尚未到期。从图 10-1 和图 10-2 可以明显看出，利欧转债和蓝标转债情况相似，这也是一个下调转股价导致可转债大幅跑赢正股的案例。

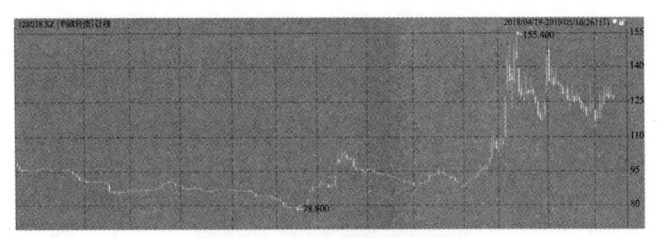

图 10-1　利欧转债历史走势

资料来源：万得。

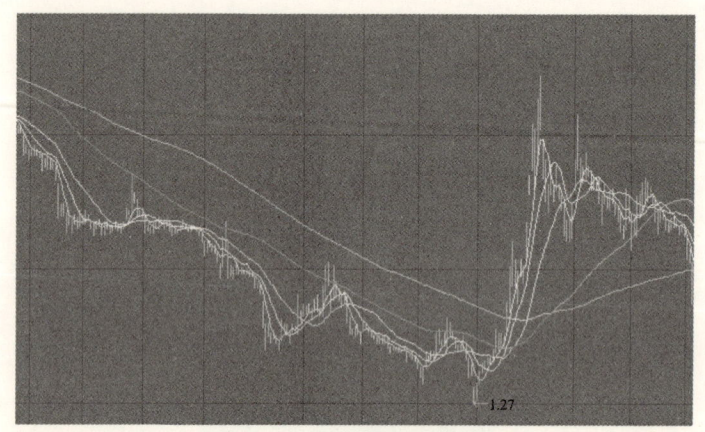

图 10-2 利欧股份历史走势

资料来源：万得。

利欧转债于 2018 年 4 月上市，上市当天价格就跌破了 100 元，之后一路下跌，我在 2018 年 6 月其价格跌到 87 元时投资了利欧转债。之后利欧转债的价格继续下跌，最低跌到 78 元，成为 A 股历史上价格第二低的可转债[1]。

后来，到 2018 年 11 月，利欧转债启动了下调转股价的程序，将转股价从 2.75 元直接下调到了 1.72 元。下调转股价之后，正股价格继续下跌，最低跌到 1.27 元，之后股价出现大幅度的反弹，最高涨到 2.69 元，随着正

---

[1] 辉丰转债最低跌到过 71 元。

股价格的上涨，利欧转债的价格也从最低的 78 元，一路上涨到最高的 155 元。仔细看这几个数字，利欧转债一开始的转股价是 2.75 元①，后来在股票的价格跌到 1.27 元又涨回 2.69 元的过程中，利欧转债涨到了 155 元。股票价格跌了，可转债却涨了。我在 2019 年 3 月该转债价格涨到 138 元时，卖出了全部的利欧转债，整个过程历时 9 个月，总收益率为 58.6%，年化收益率为 84.9%。后来我用卖出利欧转债的资金，买入了另外一只当时价格略低于 100 元的可转债，截至撰写本段文字的 2019 年 9 月，这只转债我仍在持有，出于监管要求，暂时不便说明具体是哪一只可转债。

利欧转债的案例中，有一个问题需要重点讨论。

前面提到，利欧转债的价格最低曾跌到 78 元，截至 2019 年 8 月，78 元是 A 股历史上所有可转债中第二低的价格。当时能跌到这么低的价格，跟股票及可转债市场的整体低迷有关，但导致如此极端的价格的，还有一个额外的原因。

当时，利欧股份计划花十几个亿，去收购微信公众

---

① 这意味着在利欧转债发行时，它所对应的正股价格是不低于 2.75 元的。

号。这个投资计划引发了很多债权人的不满。有很多持有可转债的投资者，争先恐后地抛售手中的利欧转债，其价格因而暴跌。

如果你是当时利欧转债的持有人，你会怎样看待这件事？收购微信公众号，到底是不是合理的经营行为，我的态度非常明确——我不在乎！公司一些引发争议的行为，我为什么不太在意？首先是因为我的投资非常分散，我投资于单只可转债或单只股票的资金通常不会超过资产的5%。相比于"集中投资"的风格，我这种模式心态上肯定会轻松一些。这就有点儿像养娃和养鹅的区别，养娃要是出了问题，那是五雷轰顶、天崩地裂的大事，养鹅要是出了问题……那只是成本的一部分。

我不在意公司争议行为的另一个重要原因是我对"可转债"特性的理解。在可转债投资中有一个有趣的悖论。当你持有一只可转债的时候，你应该盼望发行该可转债的是一家什么样的公司？现金流是充裕更好，还是紧张更好？经营风格是激进更好，还是保守更好？答案是，不一定！

第十章 可转债投资实例：利欧转债

如果你投资的是纯债，那公司的现金流肯定是越充裕越好，经营风格肯定是越保守越好，因为纯债主要的收益，来自公司的"还本付息"。但对于可转债的投资者来说，这里面其实有一个悖论。公司现金流紧张、经营风格激进，当然会提高债券的违约率，但与此同时，越是缺钱的公司，下调转股价的动力也就越强。因而风格激进的公司，在提升风险的同时会有相当大的潜在补偿。就在抛出收购微信号的方案后不久，公司下调了利欧转债的转股价，下调的幅度是"一撸到底"。也就是说，公司将转股价下调到了规则所允许的极限。

需要说明的是，一家公司的经营风格究竟是激进还是保守，是一种不可量化的主观判断，因此，我说激进的经营风格会给可转债提升风险的同时带来补偿的判断，也仅仅是一种模糊的洞察。

实际操作中，你不必刻意寻找或回避某种经营风格的上市公司所发行的可转债，本章重点想要说明的是：对股票而言，估值低就是纯粹的好事，对纯债而言，公司现金流充裕就是纯粹的好事，但对于可转债而言，正股估值低、公司现金流充裕这两个因素都是偏中性的。

正股估值高,意味着正股下跌空间大,同时也意味着下调转股价的空间大;公司现金流吃紧,意味着违约风险高,同时也意味着下调转股价的动力强。最终,对于可转债来说,价格低才是最核心的要素。

本章小结:

现金流紧张的公司,下调转股价的意愿更强。

第十一章

挑选可转债的4个要素

本章,我们来汇总一下挑选可转债时需要关注的4个要素。这4个要素分别是:

1. 价格;
2. 溢价率;
3. 剩余时间;
4. 下调转股价的历史。

这4个要素的重要性是依次排列的,越靠前的就越重要;并且后面3个要素加在一起,也没有第一个要素重要。下面我们分别分析这4个要素。

价格

前面说过，上市公司有动力促使可转债的投资者提前转股，要促使投资者提前转股，就要想办法让可转债的价格尽早涨到130元以上，所以，可转债的价格越低，投资者和上市公司的利益就越一致。挑选可转债时，尽量选择那些价格在100元以下的。

溢价率

在挑选可转债时，溢价率是重要性仅次于价格的一个要素。一只可转债的溢价率越低，它所对应的正股上涨时，股票的收益就能越直接、越快速地反映到这只可转债身上。为什么溢价率的重要性不如价格因素呢？因为溢价率是一个单纯的进攻性指标，溢价率低，会在市场环境好的时候让投资者赚钱更快、更多，但不会使投资者的资产变得更安全，而价格低这个要素，却同时兼顾进攻和防御的双重属性。

挑选可转债时，最好的情况就是遇到"价格低、溢价率低"的双低可转债。但如果必须要在"价格低、溢价率高"和"价格高、溢价率低"这两种可转债之间做选择，我会毫不犹豫地选择"价格低、溢价率高"的。

由于"下调转股价"这个条款的存在，理论上"价格低、溢价率高"的可转债，可以在某天突然变成"价格低、溢价率低"的可转债[1]，但是"价格高、溢价率低"的可转债，却很难在不伤害投资者的前提下，变成"价格低、溢价率低"的可转债[2]。

剩余时间

挑选可转债时，第三重要的因素就是该可转债距离到期日的时间。一般来说，我们可以认为，只要是发行了可转债的上市公司，都是希望投资者将可转债转股的。

---

[1] 前面讲的蓝标转债和利欧转债，就是典型的案例。
[2] 因为如果你买入"价格高、溢价率低"的可转债后，它变成了"价格低、溢价率低"的可转债，就说明你已经开始亏损了。

但是即便如此,它们促使可转债转股的迫切程度,却是不同的。

站在上市公司的角度看:如果一只可转债还有5年才到期,那么该公司完全可以预期未来的5年内股票市场可能会出现一个牛市,如果出现牛市的话,即使不下调转股价,随着股票价格的自然上涨,可转债大概率也能自动满足"提前赎回"的条件,这样公司就既可以实现债转股的目的,又不用稀释太多的股权。万一过了两三年,牛市还是没有出现,到时候再下调转股价,也来得及。

但是对于一个还有3年就到期的可转债来说,上市公司就不太敢预期未来会出现牛市了。这种情况下,上市公司下调转股价的意愿会更加强烈一些。说到这里可能有人会问:那上市公司能不能等到距离到期日只剩3个月的时候再下调转股价呢?理论上当然可以,但这样做太冒险了。要知道,上市公司能做的仅仅是"下调转股价"而已,转股价下调之后,股票价格可能会涨,也可能会跌。如果下调之后,股票价格继续下跌,那上市公司能做的,也仅仅是"再次下调转股价"。上市公司不能直接动手去拉升股价，那样做是违法的。^① 所以，如果上市公司真的敢等到最后3个月才去下调转股价，那么它就必须做好转股不成功，最终还本付息的准备。

下调转股价的历史

这是一个和上面讲的"剩余时间"差不多同等重要的要素。下调转股价的历史这个指标的意思是：我们在挑选可转债时，如果发现某只可转债在它的存续期内，已经有过一次（或多次）下调转股价的经历，那么这只可转债是要加分的。

正如上文所说，我们可以默认，所有发行了可转债的上市公司都是希望看到可转债转股的，但我们无法判断上市公司渴望转股的迫切程度有多高。上文所说的"剩余时间"可以作为一个参考。同样，下调转股价的历史也是一种非常有效的参考。曾经下调转股价可以被视作上市公司的一种"表态"，这一行为告诉投资者：现

---
① 所以我们看到，蓝标转债只能在股票一路下跌的过程中，连续3次下调转股价。

在我转股的意愿就已经很强烈了,我已经开始行动了。

我们如何确认一只可转债是否在存续期内下调过转股价呢?最标准的方法是去看上交所或深交所的公告,但这一方法会比较麻烦。还有一个简便方法:https://www.jisilu.cn/。

这个网站详细列出了可转债的各项实时数据(如表11-1所示)。

表11-1 可转债下调转股价标识

代码	名称	现价(元)	涨跌幅	正股名称	正股价(元)	正股涨跌	市净率	转股价(元)
113527	维格转债	96.650	-0.08%	锦泓集团	7.93	-0.50%	0.78	10.520
128062	亚药转债	96.860	0.51%	亚太药业	10.57	5.07%	2.08	16.250
128015	久其转债	97.655	-0.23%	久其软件	6.98	-2.79%	4.85	9.480*
128012	辉丰转债	97.799	0.00%	辉丰股份	2.84	-1.05%	1.39	7.710
113502	嘉澳转债	98.000	-0.18%	嘉澳环保	24.71	-0.64%	2.37	45.040
128065	雅化转债	98.542	-0.23%	雅化集团	6.60	-0.30%	2.22	8.960
110058	永鼎转债	98.860	-0.15%	永鼎股份	4.53	-2.16%	2.03	6.350
128018	时达转债	98.991	-0.37%	新时达	5.30	-0.38%	1.22	7.450*
123011	德尔转债	99.712	0.11%	德尔股份	27.27	-0.73%	1.42	34.660
113530	大丰转债	99.880	0.05%	大丰实业	11.82	0.77%	2.50	16.760
113016	小康转债	100.000	-0.05%	小康股份	13.44	-0.67%	2.56	17.120*

来源:https://www.jisilu.cn/。

第十一章 挑选可转债的 4 个要素

在表 11-1 中的"转股价"那一列,你会发现,其中有 3 个可转债是标注了星号的。标注了星号,就代表它们在存续期内已经下调过转股价了[①]。

以上就是挑选可转债时可以参考的 4 个要素,简单归纳一下使用方法:

1. 价格不同,选价格低的;
2. 价格相似,选溢价率低的;
3. 价格和溢价率都相似,选剩余时间短的或曾经下调过转股价的。

另外,一个再怎么反复强调都不为过的事情是,分散!一个可转债无论从指标上看有多么完美,最多也只能投入资产的 5%。不懂得分散投资,资产迟早会被清零。

本章小结:

挑选可转债时需要考虑的 4 个要素分别是价格、溢价率、剩余时间和下调转股价的历史。其中价格是最关键的因素。

---

① 此表只是用于举例和描述,作者并不是在推荐表中的可转债。事实上,可转债的信息是随时变化的,当读者看到此表时,其中的信息也早已过时了。

第十二章

可转债历史数据

前面的几章,我们从理论和案例的角度,讲解了可转债投资的基本原理和投资方法。本章让我们开启一个更宏大的视角,看一看A股历史上全部可转债的收益情况。

表12-1列出了A股历史上所有已退市可转债的收盘价、最高价、最低价和上市及退市的时间。作为可转债的投资者,我们绝对不能忽视这张表的价值。根据表格中的数据,我们可以知道以下事实。

表 12-1　退市可转债一览

证券名称	收盘价（元）	最高价（元）	最低价（元）	上市日	退市日	实际存续年限
丝绸转债	303.6	372.0	100.0	1998-8-27	2000-6-27	1.83
南化转债	269.7	300.0	100.0	1998-8-3	2000-10-11	2.19
鞍钢转债	117.9	151.6	95.0	2000-3-14	2001-11-27	1.70
钢钒转债	144.5	151.3	100.2	2003-1-22	2004-3-4	1.12
万科转债	145.3	167.9	94.0	2002-6-13	2004-4-20	1.85
机场转债	153.9	170.0	90.0	2000-2-25	2004-4-23	4.16
茂炼转债	121.0	144.9	98.1	1999-7-28	2004-7-27	5.00
阳光转债	102.0	130.5	96.0	2002-4-18	2005-4-5	2.96
侨城转债	158.0	164.0	101.8	2003-12-31	2005-4-22	1.31
金牛转债	114.3	149.5	102.5	2004-8-11	2005-7-1	0.89
丰原转债	145.0	165.0	101.0	2003-4-24	2005-10-14	2.47
铜都转债	113.6	180.0	101.5	2003-5-21	2005-9-30	2.36
民生转债	118.6	157.0	99.7	2003-2-27	2005-10-31	2.68
江淮转债	130.4	135.0	103.0	2004-4-15	2005-12-19	1.68
歌华转债	128.0	144.0	100.6	2004-5-12	2006-3-8	1.82
云化转债	147.2	169.0	99.2	2003-9-10	2006-3-10	2.50
雅戈转债	119.2	140.0	102.5	2003-4-3	2006-4-3	3.00
包钢转债	140.5	152.5	98.7	2004-11-9	2006-3-31	1.39
万科转债	193.0	195.9	103.0	2004-9-24	2006-4-7	1.54
山鹰转债	122.6	123.0	100.6	2003-6-16	2006-4-19	2.84
燕京转债	131.0	133.0	95.1	2002-10-16	2006-4-20	3.51

（续表）

证券名称	收盘价（元）	最高价（元）	最低价（元）	上市日	退市日	实际存续年限
复兴转债	138.2	149.8	98.0	2003-10-28	2006-7-11	2.70
南山转债	122.2	191.6	98.0	2004-10-19	2006-8-11	1.81
华西转债	144.0	169.5	96.2	2003-9-1	2006-8-14	2.95
招行转债	169.1	177.0	98.7	2004-11-10	2006-9-29	1.89
丝绸转债	140.5	151.7	95.0	2002-9-9	2006-9-9	4.00
邯钢转债	182.0	204.0	98.2	2003-11-26	2007-3-2	3.27
营港转债	177.0	186.0	103.6	2004-5-19	2007-3-26	2.85
水运转债	205.1	218.0	94.0	2002-8-12	2007-3-29	4.63
华发转债	285.0	299.0	107.5	2006-7-27	2007-4-3	0.68
柳化转债	176.0	176.7	106.1	2006-7-28	2007-4-3	0.68
首钢转债	215.0	205.0	95.3	2003-12-15	2007-4-6	3.31
国电转债	211.9	219.0	95.1	2003-7-18	2007-4-23	3.76
晨鸣转债	204.1	220.0	99.9	2004-9-15	2007-5-14	2.66
招商转债	290.4	350.0	117.0	2006-8-30	2007-5-25	0.74
华电转债	300.0	300.0	101.0	2003-6-2	2007-5-29	3.99
华菱转债	231.6	279.4	99.5	2004-7-16	2007-5-31	2.88
西钢转债	158.0	222.0	95.0	2003-8-10	2007-6-11	3.84
天药转债	189.7	240.0	105.1	2006-10-25	2007-6-22	0.66
上电转债	226.6	278.0	113.1	2006-12-1	2007-8-15	0.71
创业转债	288.3	328.0	97.5	2004-6-30	2007-8-28	3.16
韶钢转债	272.2	350.0	130.0	2007-2-5	2007-10-9	0.68

(续表)

证券名称	收盘价（元）	最高价（元）	最低价（元）	上市日	退市日	实际存续年限
凯诺转债	201.9	295.0	106.7	2006-8-15	2007-10-16	1.17
海化转债	366.0	460.0	99.9	2004-9-7	2008-2-14	3.44
中海转债	110.0	214.1	103.5	2007-7-2	2008-3-27	0.74
桂冠转债	128.5	310.0	100.0	2003-6-25	2008-3-27	4.76
金鹰转债	146.5	223.7	106.9	2006-11-20	2009-5-12	2.48
海马转债	160.4	163.3	105.0	2008-1-16	2009-6-1	1.38
赤化转债	135.2	168.0	104.7	2007-10-10	2009-5-25	1.63
五洲转债	144.4	155.0	103.0	2008-2-29	2009-7-2	1.34
柳工转债	151.5	175.0	104.5	2008-4-18	2009-5-25	1.10
巨轮转债	150.5	228.8	105.0	2007-1-19	2009-8-28	2.61
南山转债	137.0	199.0	82.7	2008-4-18	2009-9-18	1.42
恒源转债	262.0	335.0	106.6	2007-9-24	2009-12-21	2.24
山鹰转债	152.7	185.5	100.3	2007-8-31	2010-2-5	2.43
大荒转债	139.0	204.0	105.9	2007-12-19	2010-3-8	2.22
龙盛转债	129.1	160.1	118.2	2009-9-14	2010-5-6	0.64
安泰转债	156.0	170.0	129.1	2009-9-16	2010-6-10	0.73
澄星转债	104.6	154.5	102.3	2007-5-25	2012-5-9	4.96
锡业转债	141.0	351.2	101.4	2007-5-29	2010-12-10	3.53
唐钢转债	109.7	162.7	100.2	2007-12-28	2012-12-11	4.95
厦工转债	139.4	154.3	121.5	2009-9-11	2010-9-28	1.05
西洋转债	129.9	157.4	122.7	2009-9-21	2010-5-18	0.66

（续表）

证券名称	收盘价（元）	最高价（元）	最低价（元）	上市日	退市日	实际存续年限
博汇转债	106.6	139.3	95.8	2009-10-16	2014-9-22	4.93
王府转债	132.1	147.1	123.3	2009-10-30	2010-11-4	1.01
双良转债	92.1	133.7	92.1	2010-5-13	2015-4-29	4.96
中行转债	144.6	187.7	89.2	2010-6-2	2015-3-5	4.76
美丰转债	162.1	182.0	102.4	2010-6-2	2013-4-23	2.89
铜陵转债	182.6	214.8	127.7	2010-8-5	2011-3-31	0.66
塔牌转债	133.4	167.8	132.2	2010-9-15	2011-6-8	0.73
工行转债	131.7	157.4	97.3	2010-9-10	2015-2-13	4.43
燕京转债	149.1	167.2	99.7	2010-11-3	2015-6-12	4.61
歌华转债	204.3	223.1	86.5	2010-12-10	2015-4-29	4.39
海运转债	205.9	235.1	90.9	2011-1-20	2015-5-12	4.31
国投转债	128.1	142.0	91.1	2011-2-15	2013-7-8	2.40
中鼎转债	141.2	142.1	102.1	2011-3-1	2014-8-8	3.44
石化转债	115.0	150.6	86.1	2011-3-7	2015-2-12	3.93
川投转债	158.5	158.5	87.4	2011-3-31	2014-9-3	3.43
深机转债	219.9	227.8	90.8	2011-8-10	2015-6-5	3.82
中海转债	114.3	162.3	88.3	2011-8-12	2015-2-10	3.49
国电转债	168.6	211.3	96.7	2011-9-2	2015-2-27	3.49
恒丰转债	172.9	181.5	93.5	2012-4-12	2015-4-27	3.04
重工转债	132.1	144.1	99.3	2012-6-18	2014-12-1	2.45
南山转债	151.0	157.2	88.9	2012-10-31	2015-3-11	2.36

（续表）

证券名称	收盘价（元）	最高价（元）	最低价（元）	上市日	退市日	实际存续年限
同仁转债	131.2	165.0	110.0	2012-10-31	2015-3-3	2.34
海直转债	166.2	170.7	108.4	2013-1-7	2014-9-29	1.73
泰尔转债	133.3	147.4	97.1	2013-1-28	2014-11-20	1.81
民生转债	119.5	145.9	87.8	2013-3-29	2015-6-25	2.24
东华转债	340.3	347.4	122.8	2013-8-19	2015-6-1	1.78
华天转债	153.8	153.8	107.0	2013-8-28	2014-12-5	1.27
隧道转债	152.8	154.8	90.0	2013-9-30	2014-12-12	1.20
徐工转债	135.8	184.8	85.6	2013-11-15	2015-2-13	1.24
平安转债	167.4	183.9	98.7	2013-12-9	2015-1-12	1.09
深燃转债	142.6	155.5	94.3	2013-12-27	2015-5-4	1.35
久立转债	142.6	159.6	102.6	2014-3-14	2014-12-31	0.80
齐翔转债	163.3	176.6	102.8	2014-5-13	2015-6-12	1.08
国金转债	194.7	234.8	107.5	2014-6-3	2014-12-30	0.58
长青转债	145.5	154.8	105.3	2014-7-9	2015-4-23	0.79
东方转债	159.3	202.3	106.3	2014-7-9	2015-2-17	0.61
冠城转债	176.6	180.1	114.1	2014-8-1	2015-4-24	0.73
通鼎转债	354.3	618.4	116.9	2014-9-5	2015-7-14	0.86
吉视转债	99.8	193.8	99.8	2014-9-25	2015-7-14	0.80
齐峰转债	200.2	207.6	119.7	2014-10-10	2015-6-15	0.68
洛钼转债	130.2	222.8	103.9	2014-12-16	2015-7-10	0.57
浙能转债	165.2	167.0	107.4	2014-10-28	2015-5-27	0.58

（续表）

证券名称	收盘价（元）	最高价（元）	最低价（元）	上市日	退市日	实际存续年限
深机转债	221.1	239.0	91.0	2011-8-10	2015-6-5	3.82
燕京转债	149.9	177.0	99.2	2010-11-3	2015-6-15	4.62
齐翔转债	163.5	180.0	102.3	2014-5-13	2015-6-15	1.09
齐峰转债	200.6	219.0	117.0	2014-10-10	2015-6-16	0.68
民生转债	119.6	149.6	87.4	2013-3-29	2015-7-1	2.26
吉视转债	100.2	199.0	100.2	2014-9-25	2015-7-15	0.81
洛钼转债	130.6	237.0	104.0	2014-12-16	2015-7-16	0.58
通鼎转债	223.4	666.0	116.2	2014-9-5	2015-7-20	0.88
白云转债	138.4	139.6	116.4	2016-3-15	2017-6-13	1.24
歌尔转债	146.1	245.0	115.3	2014-12-26	2017-7-10	2.54
汽模转债	121.5	150.0	110.6	2016-3-24	2017-8-17	1.40
宝信转债	141.4	166.8	96.0	2017-12-5	2018-7-13	0.61
万信转债	145.8	182.5	100.0	2018-1-30	2018-8-29	0.58
江南转债	100.6	132.8	95.0	2016-4-5	2019-2-20	2.88
三一转债	176.1	186.0	103.8	2016-1-18	2019-3-26	3.19
景旺转债	120.2	140.9	102.0	2018-7-24	2019-4-30	0.77
鼎信转债	128.2	148.5	86.9	2018-5-14	2019-5-8	0.98
康泰转债	168.7	220.0	111.0	2018-3-19	2019-5-15	1.16
东财转债	138.6	201.0	109.0	2018-1-29	2019-5-21	1.31
常熟转债	131.6	151.9	94.5	2018-2-6	2019-5-23	1.30
安井转债	141.3	158.0	103.3	2018-7-31	2019-7-5	0.93

（续表）

证券名称	收盘	最高	最低	上市日	退市日	实际存续年限
生益转债	167.6	182.4	96.0	2017-12-11	2019-8-1	1.64
宁行转债	125.7	138.5	100.8	2018-1-12	2019-8-30	1.63
隆基转债	154.2	158.2	88.0	2017-11-20	2019-9-4	1.79
均值	164.2	202.1	102.7	—	—	2.16

数据来源：万得。

1. 历史上绝大多数可转债的收盘价都超过了130元，平均收盘价为164.2元。这说明，如果以面值左右的价格买入可转债，然后持有到期，多数情况下都能获得不菲的利润。

2. 历史上可转债最高价的平均值为202.1元。这说明，如果以面值左右的价格买入可转债，在某些情况下可以获得极高的利润。

3. 历史上可转债最低价的平均值为102.7元，平均最低价102.7元也就意味着，有些可转债的最低价高于102.7元，而有些可转债的最低价低于102.7元。这说明，想要以接近面值，甚至低于面值的价格买入可转债是件很容易实现的事。

4. 历史上可转债的平均存续时间为 2.16 年。这说明，如果以面值左右的价格买入可转债，多数情况下不需要等太久就能实现赢利。

历史不能代表未来，但历史能够帮助我们更好地面对未来。理解了表 12-1 中的数据，我们就更加清楚应该在什么时候买入可转债，以及在买入可转债之后，大概率会经历些什么。

本章小结：

可转债的内容到这里就全部讲完了。最后，我们再来回顾一下可转债投资的 3 个核心原则。

第一，在可转债价格低于面值 100 元时，分散买入可转债，买入每只可转债的金额不能超过你总投资金额的 5%；

第二，在可转债发出"提前赎回公告"后，立刻卖出可转债；

第三，资金期限要和可转债的剩余时间相匹配，如果可转债还有 2 年到期,可以用 2 年内不用的资金买入,如果可转债还有 5 年到期,就用 5 年内不用的资金买入。

下一章,我们来谈一个相对轻松的话题:短期资金的管理。

第十三章

短期资金的管理

在这一章中，我们要谈一谈怎样进行短期资金管理。

先做一个简单粗暴的划分，我在处理自己的资金时，通常把3年之内可能会花的钱看作短期资金；把3年之内绝对不会花的钱看作长期资金。至于为什么以3年为分界点，其实并没有什么特别的理由。时间是连续的，长期和短期之间不可能真的存在一道鸿沟，但在实际生活中，我们又必须储备一部分资金，用以应付当下的生活开支。所以，3年是一个强行划分出来的时间，你想设定为5年也可以。但是无论如何，对长期资金的定义最好不要短于3年，因为长期投资所需要的时间往往比你以为的要长。

在之前的很多章，我们讲的都是关于长期资金管理的内容。但短期资金的管理用一章就能说完。因为管理短期资金的难度要比管理长期资金小很多。长期资金可投资的范围很广，你几乎可以用长期资金去做任何事，在众多选择中，找到性价比最高的几种是很困难的。但是在管理短期资金的时候，你其实没有太多选择。

短期资金，你只能投到那些流动性好，风险可控的东西上，所以大体来说，短期资金只有两个方向可去：货币类和债券类。其实货币类和债券类这种说法，是不太严谨的，这只是市场里一种通用的说法。你可以简单地理解为，货币类是几乎没有风险的，债券类有一定的风险。

货币基金、银行存款、短期国债，这些都属于货币类的资产，它们的特征是收益极低，几乎没有风险。这里顺便提一下，很多人第一次听到"货币基金"的名字时会有个误解，以为这是个炒外汇的基金。其实货币基金主要的投资对象是国债、央行票据、银行定期存单、政府短期债券这些几乎没有风险的东西。

第十三章 短期资金的管理

说完货币类,咱们说债券类。企业债、债券基金这些资产便属于债券类。它们的特征是能够提供中等收益,但有一定的风险。下面我分别讲一下这两类投资应该使用什么工具。

货币类里面我最喜欢的工具是货币基金。和银行存款、短期国债之类的工具相比,货币基金用起来更方便一些。货币基金每年的收益通常会比一年期的定期存款高一点点,同时它的流动性极好,随时可以取用,不用像定期存款那样锁死一年。这里要顺便说一下,截至目前,我们中国的货币基金没有出过任何问题,不过在2008年金融危机最严重的时候,有一只美国的货币基金下跌了4%,不过那时候美国很多银行也倒闭了,存款也不是绝对安全的。

现在市场上的货币基金有很多很多,它们提供的收益率都差不多。我买货币基金的时候,一般习惯买"场内交易型"的货币基金,"场内交易型"的意思是能用证券账户直接买卖。我选择这种场内基金,主要是因为它交易起来最方便。交易时间内随时可以买入和卖出,需要用钱的话,卖出之后下一个交易日就能取现。买货币基金时，我一般会分散买入规模最大的3个。

在绝大多数证券公司，买卖货币基金的手续费为0，但也有个别券商是收费的，在做交易之前，要先跟你所在的券商确认一下。你可能会问：既然货币基金是很安全的，你为什么还要分散买3只呢？作为一个投资者，分散投资应该是你深入血液和骨髓中的习惯。同样，你也不应该把所有的钱存入同一家银行，不该把所有的房子买在同一个城区，你甚至不应该把所有的孩子送进同一所学校。请记住，在你认为足够安全的东西上分散投资——因为你永远不知道你不知道什么！

一年之内要用的短期资金，我建议全部放到货币类。超过一年但短于三年的资金，可以放到货币类，也可以考虑放在债券类。债券类的品类其实也很丰富，但这里我只推荐一种——债券基金。如果你不是一名职业投资者，我不建议你直接去购买债券。当然可转债除外。

债券基金分为，纯债型债券基金和混合型债券基金。我建议你只买纯债型。因为混合型债券基金中的一小部分资金会用于购买股票，这会提升风险，放大波动。

过去十几年，国内债券基金的收益率平均是每年6%左右，但我们要清楚，这6%是个平均数，并不代表每年都能赚6%。债券基金并不是一个稳赚不赔的品种，不过它的波动比股票要小得多。中国的企业债指数，在过去16年中最大的3次跌幅，分别是12%、8%和6%。如果你的短期资金不能承受这种程度的波动，那最好只买货币基金，不要投资债券类的资产。

如果你决定投资债券基金的话，我接下来说的这个知识点非常重要，你必须得知道！跟货币基金和指数基金相比，债券基金更需要分散投资，因为债券基金是有杠杆的。也就是说，债券基金可以借钱投资！如果遇到极端情况，债券基金是有可能爆仓的。当然，内地市场历史上还没有发生过这种事，不过债券基金可以借钱投资这个特征，是绝对需要警惕的。实际操作中，我买入任何一只债券基金的金额，不会超过短期资金的10%。换句话说，我要么不买债券基金，要买就至少买10只。

下面我要来说明怎样挑选债券基金。目前内地市场有上千只债券基金，我们不可能一只一只去看。你可以使用"晨星公司"的"基金筛选器"来进行筛选。晨星公司是一家权威的基金评级机构。基金筛选器的网站和图片详见图 13-1。筛选的过程非常简单，只有三个条件。第一，选择纯债基金。第二，选择基金规模大于 5 亿的。第三，选择过去 3 年评级为四星或五星的基金。然后点击查询按钮，就可以看到筛选结果了。最后直接从筛选结果中平均申购排名前十的债券基金就可以了。

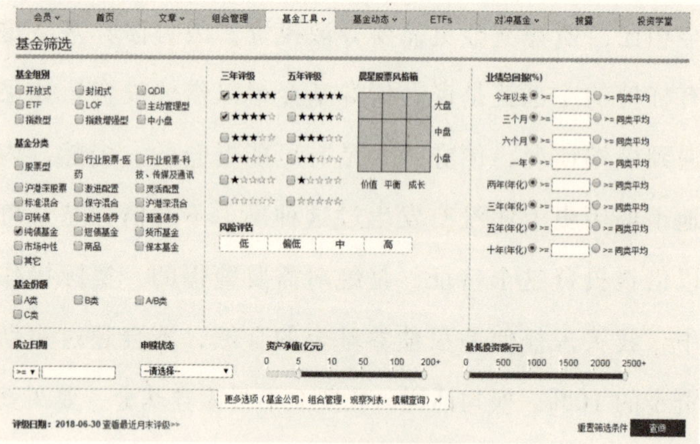

图 13-1 基金筛选器

资料来源：http://cn.morningstar.com/fundselect/default.aspx。

还有一点需要注意，投资债券基金的时候，不要频繁地申购、赎回，每次投资债券基金，时间长度最好在一年以上。因为债券基金在赎回的时候，它的"赎回费"是比较高的，最高可以达到1.5%，你持有的时间越长，赎回费就越低。超过一年的话，有很多基金就不收赎回费了。

关于短期资金的管理工具，我们就讲到这里，其实除了货币基金和债券基金之外，短期资金的管理工具还有很多，你都可以不用学。是的，你没看错，你都可以不用学！短期资金的管理是个没有什么创造性的工作，不管你怎么努力，也很难获得高收益。话说回来，在短期资金的管理上，你所能犯的最大的错误，就是追求高收益！短期资金，说到底就是为了覆盖你未来几年的生活开支，具体每年赚3%还是6%，并没有特别大的区别。但是如果你一不小心把它弄没了，那就需要拿长期资金去补，那就会动摇你整个投资计划。所以在短期资金管理这一章，如果只让我说一句话，那就是：短期资金不要追求高收益！

本章小结：

第一，一年以内的资金，买货币基金；一年以上三年以下的资金,可以买货币基金,也可以买债券基金。

第二,无论买货币基金还是债券基金,都应该分散投资。

第三,短期理财不要追求高收益。

第十四章

投资可以加杠杆吗？

在本章中，我要跟你讨论一个致命的问题，投资可以加杠杆吗？加杠杆，就是借钱投资的意思。

每当市场上出现一些投资机会的时候，总会有人跑来问我，是不是可以加一点杠杆呢，因为这样能赚得快一些。

在很多人心中，只有年轻时有钱才是真正的人生赢家，仅仅赚钱是不够的，还要更多更早地赚钱！

在这里，我不太想讨论"在年轻时富有"是不是特别重要的问题，因为重点不在这儿。巴菲特从不强调"更多更早的金钱"，他只是不厌其烦地告诉我们"一个人一生，只需要富一次"，有两种人能明白这句话包含着多么深刻的智慧，一种是真正懂投资的人，还有一种，是破过产的人。举债投资真正的问题是——**你以为你是在跟魔鬼做交易，其实这只是献祭。**

举债投资，成功率是非常低的，至少绝对比大多数想要"毕其功于一役"的年轻人想象的要低。我做投资十多年了，一直在使用杠杆而且没出问题的人，我一个也没见过。我身边使用杠杆的人，大部分的结局都是巨亏——翻不了身的那种巨亏。还有少数几个没事的，是用了一下就停了，可别误会，他们不是用杠杆赚了大钱然后收手了，杠杆没帮他们赚什么钱，只是让他们吓破了胆，所以他们不敢玩了。有时候我觉得，胆小真的是一种巨大的生存优势，由于恐惧战胜了贪婪，所以他们在市场中存活至今。

年轻人乱用杠杆，大概率的结果就是一次又一次地被清零，不是发不了财那么简单，长此以往，就连最基本的原始积累都完不成。追求年轻的时候富，结果老了也富不了。

说到这儿你可能会问，如果我买的不是股票，而是可转债，那我可不可以加杠杆？答案很简单，绝对不能！可转债的安全，在于持有到期后可以还本付息，但持有的过程中，价格也是波动的。举债投资的问题在于，它会把局部的、暂时性的损失，放大成全局的、永久性的损失。换句话说，如果你不借钱，只有债券违约才能伤害你，加了杠杆的话，只要一个波动，就能清空你。这是本书主干部分的最后一章，我不想用复杂的数学模型折磨你。如果你相信我的话，那么我不敢做的事，希望你也不要去做。

另一方面，就算一时运气好，用杠杆投资真的赚了很多钱，这件事也没有想象中那么美好。

我做投资十多年，算是经历过几次跨等级的财富增长。在这个过程中，我明白了一件事——富有是一种幻觉，这种幻觉最多维持几个月，然后你就适应了，再然后，你就会重新觉得，我实在是太穷了。后来呢，接触到一些生物学的知识我才明白，"匮乏感"这种情绪，不是钱多钱少决定的，而是"**年轻**"决定的。我们年轻人，尤其是年轻男性，会分泌特别多的睾酮素，在这种激素的刺激下，人会更加渴望交配和战斗，也更在乎自己社会排名的提升。注意，睾酮素让人关注的是"排名的提升"，而不是绝对位置的高低。所以更多更早的金钱，并不会让我们的匮乏感降低，要降低匮乏感，也许只有等自己慢慢变老。

内分泌周期决定了，年轻人，尤其是年轻的男性，天然就有"作死"的倾向。要解决这个问题，唯一的办法，就是获取"更完备、更充足的知识"。了解人的内分泌周期，我们就会明白，有些年轻时的冲动，真的只是"一时冲动"而已。作为一名同样年轻的男性，我并不认为自己拥有什么逆天的自控能力。我能够长年做到"低估分散、不加杠杆"，只是因为我太深刻地知道，实在没有更好的办法了。

那些因乱用杠杆而破产的人，大多也是因为错误地估计了成功率，有了虚假的"希望"才这么干的。如果有了更充足的知识，很多悲剧其实可以避免。

最后再谈一个问题，你可能会问：你说不能加杠杆买股票，那为什么大部分公司都是有负债的呢？我的答案是：1. 能控制；2. 寿命短。

先谈第一点，能控制。公司借来一笔钱之后，它对于使用这笔钱的每一个环节，从采购到生产再到销售，都有一定的掌控力（也只是很有限的掌控力），而证券投资则不同，购买股票之后，对于它的波动，我们是完全无法掌控的。如果能，你就犯法了。另一方面，如果上市公司本身是有负债的，而你又借钱去买上市公司的股票，那相当于杠杆之上再加杠杆，两者的危险程度更加不可同日而语。

接下来谈第二点，寿命短。的确有大量公司存在负债经营的现象，但你也同样应该看到，公司的寿命是很短的。一个自然人从出生到死亡，90年时间内，个人资产从来没有变成过负值，这是很正常的事情，也没有人会为此感到骄傲，而公司，能活90年的实在是凤毛麟角。我并不认为公司负债经营有什么不对，只是我们要知道，公司负债多，寿命短，这是一个事物的一体两面。如果你喜欢波澜不惊的生活，请不要举债投资。

本章小结：

只有一句话，不要举债投资。

第十五章

全书小结

本章我们一起来总结一下之前每一章的要点。

在第一章中,你知道了3件很重要的事。

第一,在投资中,收益和风险并不总是对称的。有的时候,你只要付出很小的代价,就能获得很大的回报。有的时候则刚好相反。

第二,建立以可转债为核心的资产包,是一个性价比非常高的投资策略。

第三,掌握丰富的投资工具,是一个合格投资者必备的素质。长期来看,狩猎范围甚至比狩猎技巧更加重要。

在接下来的第二章中,我们反复使用金铺的案例,阐明了股票投资的基本原理。证券市场永远不会与真实世界脱离,它只是真实世界的放大和延伸。格雷厄姆之所以在投资界拥有教父级别的地位,并不在于他开发了什么神奇的策略,而是在于,他率先拥有了将证券市场和现实世界打通的洞见。经过他的启发,证券投资终于从玄学变成了科学。同时,在这一章中,我们说明了怎样用"市盈率""市净率"这两个指标,来衡量股市整体估值的高低。股市整体的市净率小于等于1倍,就意味着系统性机会;相反,当股市整体的市净率大于等于2倍就意味着系统性风险。

在第三章的开篇,我们首先强调了分散投资的重要性。分散投资实在是太重要了,所以在这里,我要再啰唆一次。在投资中,"低估"和"分散"是支撑你整个资产组合的两根擎天大柱,少了任何一根,都会带来灭顶之灾。这不是夸张的修辞方法,我是很认真地在跟你谈论这件事。如果你在现实中见过我本人的话,你会发现我是一个很温和的人,但是只要一谈到"低估、分散"这个问题,我会立刻变得非常严肃。因为我真的见过太

第十五章 全书小结

多的人，由于守不住这两条底线，丢失了自己积累了半生的财富。所以请记住，如果你集中买入低估值的资产，那么你一辈子只要遇到一次失败，就会把之前的积累全部清零；如果你分散买入高估值的资产，那么你的资产一定会慢慢地缩水，终有一天变得所剩无几。"低估"和"分散"，不光是你攫取财富的手段，同时，它们也是确保你在这个市场长期存活的生命线！

做完了歇斯底里的风险提示之后，我们继续复习第三章的知识点。除了了解到分散投资的重要性，我们还详细讲述了怎样使用专业的选股工具，通过几个简单的步骤筛选出一个优质的投资组合。同时，你也知道了坚持不懈地申购新股，能够带来一些额外的投资收益。

在接下来的第四章中，我们说明了怎样使用指数基金这个方便、实用的投资工具。在这一章中，你知道了怎样通过"市净率"这个指标来判断指数基金的估值，还知道了指数基金相对于股票的两个缺点和两个优点。

两个缺点是：第一，指数基金会收管理费；第二，我们可以判断一个指数基金整体是低估的，但它的投资组合里总会有那么几只未被低估的股票，难免美中不足。

两个优点是：第一，指数基金在筛选和买卖的时候都比股票更方便。第二，在买指数基金的时候，你更容易守纪律，心态会更好。

在这一章中，我还给你介绍了一些非常有代表性的指数基金，比如沪深 300 指数、上证 50 指数；还有一些 A 股市场以外的指数基金，比如恒生指数、标普 500。在 A 股市场还能买到中国香港市场和美国市场的指数基金，这是一个很容易被忽视，但是非常重要的知识点。就像我们开篇所说的，狩猎范围比狩猎技巧更加重要。如果你能在 3 个市场中做选择，一定会比长期死守一个市场收获更多利润。

第五章到第十一章，是整本书最重要的部分。我们用了整整 7 章的篇幅，详细阐述了如何使用"可转债"这个稳中取胜的投资工具。我们先来复习一下这其中最重要的"可转债投资三原则"。

第一，在可转债价格低于面值 100 元时，分散买入可转债；买入每只可转债的金额，不能超过你总投资金额的 5%。

第二，在可转债发出"提前赎回公告"后，立刻卖出可转债。

第三，投资可转债的资金期限要和可转债的剩余时间相匹配，如果可转债还有2年到期，你可以用2年内不用的资金买入，如果可转债还有5年到期，你就用5年内不用的资金买入。

可转债，很可能是你在整个投资生涯中所能遇到的最好的投资工具了，所以我希望你尽可能把它理解得更深入，更透彻一点。下面我来带你回顾一下可转债的3个最主要的优点。

第一，作为可转债的持有人，你可以决定在股票上涨之后转股，也可以决定在股票下跌之后不转股，于是可转债就有了"下有保底，上不封顶"的特性。

第二，发行可转债的公司，可以在股票下跌之后通过"下调转股价"来维护可转债持有人的利益。下调转股价条款的存在，导致你在投资可转债的时候，可能会遇到这样一种神奇的结果：股票的价格从5元跌到2元，然后又涨到4元，这个过程中可转债的价格却有可能从100元涨到200元，最终，股票跌了20%，可转债却涨了100%。

第三，从利益结构上看，上市公司实际控制人的利益和可转债持有人的利益是高度一致的。上市公司有非常大的动力让可转债的价格超过130元。

最后再强调一遍，买可转债的时候，千万不要忘记分散投资！

在第十三章中，我们介绍了"货币基金"和"债券基金"这两种投资工具。货币基金和债券基金这两种工具，适合用来做"中短期"资金的管理。货币基金几乎没有风险，每年的收益略高于1年期定期存款。债券基金历史上的平均年收益率大约是6%，但是债券基金有一定的风险，不能保证每年都赚钱。同时，你还学会了怎样使用晨星公司的基金筛选器来筛选出一批优质的债券基金。

这两种工具学起来并没有什么难度。在这一章中，我想告诉你的最重要的一个知识点，其实就是一句话——短期资金不要追求高收益。帮助你实现财务自由的，应该是你的长期资金。短期资金，就是为了让你安稳、舒适地度过未来一段时间的生活，至于这笔资金每年给你带来的收益是3%还是6%，其实根本不重要。一笔钱它既然是短期资金，那就不太可能是一笔巨大的资金，拿这样一笔钱去投资，即使赚了钱也改变不了命运。我见过很多人，他们拿手中的短期资金乱投资，结果把自己的生活搞得一团糟，实在是得不偿失。

在第十四章中，我们讨论了投资可不可以加杠杆的问题。举债投资的危害在于，它会把局部的、暂时性的损失，放大成整体的、永久性的损失。我一直说做投资要寻找"收益和风险的不对称"，本意是说要找到收益大、风险小的事情。举债投资也是一种不对称的行为，但它绝对不是你想要的那种不对称。所以结论很简单：永远不要举债投资。本书前13章的内容，都是教你怎样赚钱的，但第十四章的内容，是单纯地教你怎样才能不破产。所以其实第十四章的内容，才是所有章节中最不应忘记的内容。因为一万次的成功，也抵消不了一次的归零。我相信你终将富有，更希望你一生只富一次。

至此，本书的主体内容已经完结。

如果你还想学习更多的投资知识，可以关注我的微信订阅号："微光破晓投资笔记"，投资路漫漫，我可以陪你多走一段。

附录·问答

附录部分收集了一些作者与订阅号读者的问答。大部分涉及投资的内容，也有一些生活中的随感。

问：可转债的存续期平均是 2.16 年，基于资金的时间价值，相当于按照历史数据现在买入可转债后要白白等上两年。为什么不在 1.5~2 年之后再买入？

答：不是这样算的。平均存续期 2.16 年，意思是有些可转债只存续了 9 个月，有的存续了 5 年，最后平均起来是 2.16 年。我们不可能知道哪些可转债会在下个月就实现转股。

问：请问微光老师，作为一个工作没多久，家庭条件尚可的年轻人，您觉得提高财商的最好路子是什么？

答：1. 本金小的时候，最适合积累经验。在钱少的时候趁早进入市场，把能犯的错误都犯一遍，不要等到钱多的时候再犯错。

2. 初入市场的话，可转债是个不错的起步工具。

3. 最最重要的一点，多关心你的家人，防止他们被骗，不要让他们去买乱七八糟的理财产品和保健品，否则你就不再是"家境尚可"的年轻人了。

问：请问破晓老师，在您的实际操作中，个股的最低仓位与最高仓位各是多少？为什么？谢谢！

答：单行业不超过20%，个股最高不超过5%，最低没有限制。如果不能找到大量低估的股票，这个市场就不值得投资。如果能找到大量低估的股票，为什么不多买一些分散风险呢？

问：请问破晓老师，如何给小学六年级孩子讲零花钱怎么使用与理财知识？谢谢！

答：给他一笔钱，告诉他："这笔钱不能花，只能拿去投资。投资所得的收益是你的零用钱，你想买什么都可以。"

问：请问老师如何规避港股那些超低市净率的垃圾股？
答：1. 市净率超低的不一定是垃圾股。截至 2019 年 8 月，有很多在香港上市的央企蓝筹股的市净率只有 0.5 倍左右。

2. 只要投资时间够长，一定会买到破产公司的股票，这无法规避，只能化解。化解的最好方法，就是分散。

3. 如果想进一步降低波动，那么只选净资产超过 100 亿的公司，它们破产的概率会小很多。整体来说，越大的公司存活能力越强。

问：请问奥特曼，中国的 B 股是不是烂在那儿了，还有出头之日吗？
答：B 股这样不是很好吗，它的节奏跟 A 股、港股都不完全同步，有时候这个市场低估，有时候那个市场低估，我们根据估值在不同市场间切换，可以平白多赚很多钱呀。你说的出头，是指什么？如果是指估值波动的话，B股的波动从来不小，只是估值中枢比较低。如果是指回归A股的话，千万不要回归，千万不要回归呀！我就希望有一个没什么人关注的市场，一直静静地存在着。

问：老师在配置资产的时候，不考虑房产吗？考虑到极端情况，是不是分一点到房产会更加安全？如果市中心有个公寓，收房租有5%的收益，你会考虑买吗？

答：1. 我在配置资产时，会考虑所有资产。我对房产没有偏爱，也没有歧视。我对任何类型的资产，都没有偏爱，也没有歧视。只看性价比是否够高。

2. 我并不认为房子是一种很安全的资产。一套市中心的房和一个低估的指数基金相比，前者的风险要大无数倍。

3. 市中心房租收益5%的公寓，只给我这一个条件，我不能确定会不会买。要考虑的因素很多，最重要的一条是，我如果不买这个，还能买什么？我永远会关注是否有更好的投资机会。关于房产多说一句，最近10年，房产的交易税费越来越高，如果股票的交易税费提高对投资者是不利的，那么房产也是同样的道理。投资房产时，不要忽略这个因素。

问：我曾经用正回购加杠杆做过中行转债，请教现阶段有没有低利率加杠杆买可转债的工具？

答：千万不要加杠杆买可转债。我常对朋友说：带着杠杆的债，比不带杠杆的股更加危险！

问：请教刘老师，新转债巨量供应对可转债市场的影响有哪些？谢谢！

答：1. 我是非常欢迎可转债巨量发行的，可转债越多，机会越多。

2. 理论上可转债发行多了，有可能拉低整个可转债市场的估值中枢，但拉低的程度一定是有限的。可转债有债的属性，到期还本付息，所以估值中枢不可能无止境地下降。

3. 上面说的估值中枢被拉低,是一件不确定的事情。但我们一定要知道,估值中枢被拉低是件好事,而且被拉得越低越好。同时,一个到期还本付息的东西,我肯定希望它的波动越大越好。

问:如果某只可转债到期后违约了,那是否就意味着无法转股,本金和利息也没有了?见笑了。

答:不一定。违约分很多种情况,有些违约是晚一点支付本金和利息,有些违约会支付一部分本金和利息,也有些违约会使你一分钱都拿不回来。只要时间够长,我们迟早会遇到违约的可转债,也一定会遇到破产公司的股票,因此必须要分散投资。

问:奥特曼说杠杆带来的收益和风险并不均等,是指杠杆带来的资金使用费导致的不平等,还是指别的?

答:一方面是费用,融资会带来财务成本。更重要的是,在不融资的情况下,波动对我们是有利的,比如一只内在价值为10元的股票,我希望它的价格能在1到100之间波动,如果能在0.01到10 000之间波动那就更好了，总之，波动越大，我的收益就越高。但如果我们加了一倍的杠杆，它只要从 10 元跌到 5 元，就足以让我们破产了。

问：刘老师，学一些基础的财务知识、看财报，您觉得有必要吗？

答：我觉得有必要，看懂财报之后，你才会发现"看懂了财报，还是预测不了公司的发展"，然后才能真正进入"低估分散、股债平衡"的阶段。看山是山，看山不是山，看山还是山。

问：奥特曼对特朗普提出的 500 亿美元加征关税怎么看？另附一关于这次加征关税的长文，也希望得到奥特曼的解答。（长文省略。）

答：我必须很诚实地告诉你，你发的这篇长文，我根本没有点开看。贸易战这种级别的小事，不会对我的投资决策构成任何影响。价值投资的方法，经历了"二战"、冷战、"9·11"这些事情之后，依然是赚钱的。相比之下，你觉得贸易战算是一个什么级别的历史事件呢？

问：奥特曼老师好，B 股是否长期折价于 A 股呢？若如此的话，我们对于买入的标准是否应该有所区别？

答：1. 过去 20 年，大部分时间 B 股是比 A 股便宜的，但也不是全部时间。曾经至少有 3 次，万科 B 的价格是高于万科 A 的。

2. 虽然 B 股的估值中枢更低，但它的波动一点也不比 A 股小。同样是翻 3 倍，1PB 涨到 3PB，和 2PB 涨到 6PB，哪个更安全我想是不言而喻的。[①]

3. 未来 B 股的估值是否会持续低于 A 股，这个其实很难说。我们做投资的人，千万不要被历史纪录所绑架。

问：奥特曼老师好，请问在投资 A 股以外的资产时，老师如何考虑汇率这个因素呢？

答：如果你持有的是股权类资产，长期来看，汇率的因素不会有太大影响。因为长期来看，汇率的变化就

---

① PB 就是市净率。

是这个国家的"货币发行量"+"资产质量"的变化（政权稳定也是资产质量的一部分），货币超额发行会导致通胀，股权类资产根本不怕通胀，也就是说，印钱导致的汇率下跌，最终会以股价上涨的方式补偿给你。所以关键还是资产质量，假设未来一年，日元对美元的汇率下跌到了 1/10000，这其实根本就不是汇率问题，一定是日本这个国家出事了，说到底，还是资产质量出了问题。

上面说的是汇率的大幅变化，如果是小幅度的轻微变化，那里面确实有随机波动的成分，这一点是中性的，有可能让你占点便宜，也有可能让你吃点亏。咬着牙忍了就行。

问：请问奥特曼，您在投资时会考虑公司的负债率吗？

答：1. 负债率是越低越好的。在选股时，负债率低是一个加分项。但是在分散投资的前提下，负债率的重要性会降低很多。如果你分散投资的都是净资产超过 100 亿的蓝筹股的话，负债率这个指标的参考意义又会进一步下降。

2. 在分散投资蓝筹股的前提下，选股指标的权重由高到低排列，依次是：市净率、市盈率、股息率。其他指标仅有辅助意义。

问： 破晓老师，请问港股市场、A股市场和美股市场，这三者之间有什么相关性吗？它们这几十年的走势有什么潜在的规律或者共性呢？

答： 如果你的观察周期很短，那很容易会觉得三个指数同涨同跌，尤其是当美股出现暴跌的时候，港股和A股第二天多半也是跌的。但由于每次出现所谓的"同涨同跌"时，三个市场的涨跌幅度其实不同，所以长期来看，这三个指数的表现又没有明显的相关性。

你可以想象一下，有两个指数，假设A指数下跌则B指数必然下跌，A指数上涨则B指数必然上涨，但每次下跌时，B比A少跌千分之一，每次上涨时，B比A多涨千分之一，几年之后你会发现，这两个指数虽然每个交易日的涨跌方向都是相同的，但长期却呈现完全相反的走势。2007年时，港股和美股的估值是差不多的，但是你看现在（2018年）的港股和美股，估值就是一天一地的差别。

问：奥特曼老师好，只买耳熟能详的公司的股票，是不是可以降低风险，提高收益？

答：不一定。每个人的知识结构不同，所谓的"耳熟能详"在每个人心中是完全不同的概念。比如说，华谊兄弟是耳熟能详的公司，但有无数比华谊兄弟规模更大的公司，其实很多人是没听过的。我一直说，保守考虑可以只买"净资产大于一百亿"的公司，这个标准可以解决不同人群知识结构的偏差。

问：破晓老师能否详细解释下"忘掉成本"这句话？直觉告诉我这句话是对的，但是在实际操作中不知该如何应用，尤其在面对亏损股票时，即使出现了更好标的，但更换标的意味着浮亏成了真实亏损，有些无法接受。老师可以举例说明下吗？

答：我很理解浮亏时会出现的心理障碍，但其实你反过来想就明白了。假设你10年前买了一套房，每平方米 5 000 元，现在每平方米变成了 10 多万元，赢利约 20 倍。那么此时此刻，当初每平方米 5 000 元的成本还有意义吗？如果现在有人强迫你用每平方米 3 万元的价格把这个房子卖掉，你是会觉得吃亏了，还是会觉得很爽？你肯定会不满意这笔交易，因为：历史成本不是成本，机会成本才是成本。

问：《三体》中杨冬在看到叶文洁的加密文件后意识到物理学是被操纵的，各个物种并非自然竞争的状态。那么我的问题是：

1. 证券市场，你观察的结果，是属于自由市场呢，还是类似于杨冬描述的被改变的市场？
2. 生活中的消费市场，比如淘宝网购、学前教育、购房（包括以入学或升学为目的的买房）、装修、时装潮流、医药保健等，据我观察，表面看似自由市场，但自由选择只在早期存在，目前已经完全被庞大的先行者控制，似乎这股风潮还是从美国兴起的，美国的舆论被操纵刻画出一种生活方式，但绝不是为消费者服务的，而是因为商家需要消费者这样去想，这样去生活。这两个问题你的观察是怎样的，多谢！

答：1. 按照《三体》的设定，物理规律可以被更改。其实也可以反过来理解为：物理常数是"可更改的"，物理常数可以被有智慧的生物主动修改，本身就是自然规律的一部分！我相信它并没有超出杨冬的认知范围，只是不符合她的愿望。她心中的白莲花，脏了，所以她死。证券市场，是被各种力量所影响的，这些影响事实的力量，从来就是市场的一部分，就像能制造小宇宙的三体文明，从来都是大宇宙的一部分。改变宇宙的力量，是宇宙的一部分。同样，影响市场的力量，也是市场的一部分。历史上从来就没有任何一个不被政府干预，不被舆论扰动，也不被大资金冲击的证券市场。我们一直以来就是在这样一个市场里攫取利润，同样，也是在这样一个环境里贮藏财富。

2. 消费者不是木头人，消费者从来不会单纯地被操纵。你看这个世界上，无论是服装、家具还是艺术品、收藏品，所谓的"流行"总是在不断改变。

这当然不是商家操纵的结果，是新崛起的消费者在掀桌子。迪士尼肯定想让你一辈子看米老鼠，但它就是挡不住孙悟空和路飞的崛起。我为什么要从上一代人手里收购他们的邮票和纪念币？这些物品在我眼里毫无价值。同样，下一代人，也不会买走我收藏的海贼王手办。

问：微光老师，想问你投资以外的话题。小朋友学习成绩中下，看班上越是学霸的同学报的补习班越多，我觉得报那么多班小朋友太辛苦了，但不报大人又很焦虑，想听听你的建议，你认为有必要给小朋友报补习班吗？

答：常青藤学生毕业后 10 年的平均工资：排名第一的麻省理工，大约是 9 万美元每年，耶鲁是 7 万美元左右。教育可以把人送到一定的高度，但它是有极限的。折合成人民币，年薪几十万，差不多是"学校教育"这项资源被开发到极限的结果。至于再往后，能不能实现"一个亿的小目标"，能不能进《福布斯》榜单，能不能当总统，那跟学校的关系就越来越小了。对于中产以下的家庭，孩子未来的收入水平及交往层面，主要取决于受教育程度。对于中产及以上的家庭，孩子未来的收入水平及交往层面，主要取决于父母的收入水平及交往层面。孩子考试成绩的重要性，随着父母收入的增加而递减。

问：奥特曼老师，请问您认为二级市场投资者对社会的贡献是什么？

答：1. 你创办了一家叫肯德基的企业，你对社会有什么贡献？

2. 你创办肯德基的时候，没钱，隔壁村的二嘎出了100万入股，二嘎对社会有什么贡献？

3. 二嘎的女儿结婚要用钱，想从你的公司撤资，我跟二嘎说，不用撤资，把股份卖给我吧，于是二嘎把股份卖给了我。我对社会有什么贡献？

这样是不是就清楚多了？

问：可转债好像更适合震荡行情？

答：你好。尽量不要去思考那些即使得出了结论也没有任何用处的问题。首先你描述的内容并不对，但是即使是对的，即使真如你所说，可转债更适合震荡行情，你能通过此结论获得什么好处呢？我们根本不可能知道，未来3个月市场是上涨、下跌还是震荡。如果你能预测未来市场的波动模式，那么可转债反而会变成最没用的投资工具。

问：最近有位朋友连续预测对了股市的走势，但理性又告诉我这个逻辑行不通。我不相信有人能判断短期趋势。没有自己投资体系的人，永远是韭菜。

答：1. 能够以月为单位，以极高成功率判断短期波动的人，目前应该是不存在的。如果有，应该会以很快的速度爬到富豪榜上面。我们可以等到富豪榜上出现这样一个人之后，再回过头来研究这种方法是否可行。

2. 你说没有投资体系的人永远是韭菜，这个还真不一定。我有个朋友，过去近10年，战略上几乎都是错的，但总能以战术上的优秀弥补战略上的损失，最终总体也能实现赢利，但大起大落，且收益率不能算高。为什么说他战略上总是错的？很简单，股市估值高的时候，股权类仓位高，估值低的时候，债权类仓位高，永远与正确的布局相反。那么他是怎么以战术上的优秀来弥补的？也很简单，他投资工具用得特别好。配股权的时候知道买折价的封基，配债权的时候知道用分级A轮动，擅长各种套利、打新。另外，他虽然不懂估值，但能从规则的层面，看懂低价可转债的不对称性。主观题永远做错，客观题从不做错。这种投资者也是可以存活的，只是非常辛苦。

事实上，根据我的观察，市场中赚钱的投资者中，有不少都是这样的"聪明人"。这类人其实最具备"顿悟"的潜力。他们知识储备足够，只是思想水平没跟上，一旦觉醒，就能突飞猛进。

问：破晓老师，您好。您如何衡量一个公司的安全性？

答：1. 绝大多数净资产超过100亿的公司，不会在一个牛熊周期内死掉。

2. 持续现金分红的公司，安全性相对更高。利润再造假，分给你的现金一定是真的。

3. 我同时持有 30 个净资产超过 100 亿、持续分红的公司的股票，所以不纠结这个问题。谁爱破产就破产，我最终一定能实现大概率下的平均赢。

4. 事实上，我做投资十多年，目前一个破产的公司都没买到过。

5. 将来迟早会遇到，这是成本的一部分，接受即可。

问：老师，请教个学习方向的问题，之前一直推崇"低估分散不深研"，对于不深研有点疑惑。在投资过程中发现财务知识和经济类知识欠缺，那么我们在学习投资中是否有必要系统地学习财报类和宏观经济类知识呢，如果学习需要学到什么样的水平呢？

答：首先，财务知识和公司分析是两回事，财务知识是很有用的，不光是投资要用，你的资产越多，生意越大，人际关系越复杂，财务知识就越有用。但也不用学得特别深，毕竟术业有专攻，达到财务人员跟你说话，你能听懂的程度就行了。经济学的知识，对投资没有太多帮助。不过经济学是大学问，就算不为了投资，也值得学一下。

问：我在果仁网做的两个回测，请帮我看一下，以下结果对于投资有没有指导性？

答：你好，建议不要亲自做回测。

　1. 单因子的回测，权威机构早就做过了。

　2. 多因子的回测，变量太复杂，如果回测结果错了，你也很难发现错在哪，甚至结果错了你根本没机会发现。市净率、市盈率、股息率，这三个因子是放在世界各国都长期有效的，其中市净率最有效。其他的不用测了。测出来一个神奇的结果，你也不敢信。

问：您好，关于资产配置，斯文森认为，投资收益的90%以上来自资产配置，但是他好像没有具体地论述，或者是我看不懂。请您谈谈为什么？十分感谢！

答：简单翻译一下：投资中一个很重要的问题是——应该买哪些股票。但更重要的问题是——现在应该买股票还是应该买债券？斯文森说的大概就是这个意思。